相原孝夫

JN283868

仕事ができる人はなぜモチベーションにこだわらないのか

GS
幻冬舎新書
298

はじめに

私は仕事上、20年近くにわたって様々な企業の、常に成果を出し続けるハイパフォーマーのインタビュー調査を行ってきた。彼ら彼女らの多くはたいていの質問に即答をする。なぜなら、「どうすれば高い成果が挙がるか」などについて、他の人たちよりも多くのことを考えているからだ。しかし、そのような彼ら彼女らも、いくつかの質問に対しては即答しないことが分かった。

「やる気が出ない時、どうしますか？」がその典型的な一つだ。

「やる気ですか、えーっと……」という感じの反応となることが多い。

「では、モチベーションの源泉はなんですか？」という問いに対しても、やはり要領を得ない。

「スランプに陥った時には、どうしますか？」

そう聞いてみてようやく返答が得られる。しかしその答えは、「何か特段いつもと違ったことをやるということはありません」という誠にそっけない内容である場合がほとんどである。

結局、これらのことに関しては、彼らは日頃からあまり考えていないのであろう。モチベーションの問題には特に向き合っていないのだ。問題視していないといった方がいいかもしれない。ハイパフォーマーの人たちは、モチベーションと関係のないところで成果を挙げているようであった。

一方、企業の中では、「とにかく社員のモチベーションを高めよ、そうすれば成果が挙がるはず」といった、モチベーション礼賛ともいうべき状況が拡がっている。ハイパフォーマーに見る実態と企業の中における風潮とのギャップに長いこと違和感があった。モチベーションはもちろん高いに越したことはない。しかし、モチベーションがすべてを解決するわけではない。企業の中でこれほどまでにモチベーションに焦点を当てることは果たして正しいことなのであろうか。

疑いなく前向きな要素である「モチベーション」ということに対してネガティブなことを言うなんて、とうてい一般受けしそうにない。そもそも、企業社会全体を覆っている

「モチベーション礼賛論」に組みした方がコンサルタントらしい。少なくとも、そうした方が人事・組織問題を専門とする我が社のビジネスには貢献しそうである。

しかし、企業の中で起こっているモチベーションの問題視はどうも行き過ぎの感がある。モチベーション礼賛は、個人主義を助長すると共に、モチベーションを常に高く保っていなければならないという強迫観念を迫り、働くことを窮屈にしていないだろうか。また、メンタル上の問題の背景となっている可能性も考えられる。

様々な問題が、「モチベーション」という言葉によって見えなくなってしまっているように思われる。そのような思いからこうした方向でのメッセージを発してみたい。もし読者の皆様が、「モチベーション」ということについて今一度捉え直すきっかけを提供できたなら、著者としては望外の喜びである。

仕事ができる人はなぜモチベーションにこだわらないのか／目次

第五章 モチベーションを問題視しない働き方「モチベーション0・0」

図版 ホリウチミホ

第一章 なぜ、「モチベーション」が問題になるのか？

「モチベーション」という言葉はネガティブな会話の中で使われる

営業成績が上がらない営業マンがいる。原因はいろいろ考えられる。商品をよく理解していないとか、理解していても営業トークが未熟で商品の魅力をうまく伝えられないとか、クロージングが苦手であるとか、あるいは、そもそも顧客ターゲットを間違っている等々。そこで具体的にアドバイスできる上司がいると、結果が出やすくなる。一方、上司が、「やる気だ、やる気を出せ！」ばかり連呼するような人であると、状況は変わらないばかりか、当人は精神的に追い込まれていく。

これは、鉄棒の逆上がりができない子供に、鉄棒の握り方や腕の曲げ方、足の蹴り上げ方などのアドバイスをせずに、「やる気がないからできないんだ、やる気を出せ！」と言い続けるのと変わらない。

「モチベーション」は、前向きな言葉である。しかし、会社内でその言葉が使われる場合、ネガティブな会話の中であることが多い。社員の笑顔が少ない会社のような、職場に余裕のない会社で多く使われる傾向にある。

同じ言葉でも、ポジティブな文脈で使われる場合と、ネガティブな文脈で使われる場合とがある。言葉自体は前向きでも、文脈としてはネガティブに使われる言葉は意外と多い。「チャレンジ」や「イノベーション」などもそうだ。チャレンジがどんどんなされている組織や、イノベーションが次々に起こっている組織では、それらの言葉を使った会話はなされない。そうではなく、チャレンジングな行動が見られない場合など、特に、以前と比べてそうした行動が少なくなってきている組織において、「最近の若者は失敗を怖れてチャレンジしない」とか、「言われたことはやっても、それ以上のチャレンジはしない」など、盛んに用いられるようになる。

モチベーションも同様に、皆のモチベーションが高い状況においては、あえて会話の中に出てくることはない。モチベーションに問題を感じる状況において、盛んに登場することになるのだ。

なぜ、状況が悪くなると、モチベーションという言葉が浮かぶのか。それは、悪い状況に対して深く考えを掘り下げることなく、簡単に解答を導き出そうとすると、「やる気だ、モチベーションだ」となるからだ。「やる気がないからうまくいっていないのだ」と。

結局、**モチベーションという言葉は、〝思考停止のキーワード〟ともいえる。便利な言葉なので、安易にその言葉に飛びつきがち**なのだ。

一方、状況が良い時は、モチベーションという概念そのものが消失しているといってもよい。いわゆる〝フロー〟といわれる状態や、そこまでいかなくともプロセスへの集中度が高い時には、モチベーションという考え自体、不必要なものとなる。

〝フロー〟とは、心理学者のチクセントミハイによって提唱された概念で、「対象に集中し、その活動に没頭し、楽しさを感じ、時間の感覚が消え去り、そのすべてを自分でコントロールしているという感覚のある心理的状態」をいう。そのような状況においてはもはや、モチベーションなど問題にはならない。ストレスをまったく感じない状況において「ストレス」という概念が消失しているのと同様だ。

そう考えると、モチベーション向上ということを至上命題として、モチベーションを高めることに腐心するよりも、モチベーションという概念を消し去ることこそが、モチベーションマネジメントのゴールともいえるのではないだろうか。

仕事の方法を教えず、モチベーションのせいにする上司

「部下のモチベーションが低い」と言う上司は多い。

自分の方針の不明確さや指導の拙さはさて置き、原因を部下のモチベーションのせいに

しているともいえる。これもやはり成果の挙がらない管理職に多い。成果を挙げる方法が分からない場合に〝やる気〟に矛先を向けるのだ。

そもそも、「やる気を出せ！」「モチベーションを上げろ！」と上司から言われたら、あなたはどのような気持ちがするだろうか。何かしら、情けない気持ちになりはしないだろうか。批判されているのは、仕事の中身や仕事の仕方ではない。「やる気」という自己の内面である。まるで子供扱いだ。

また、そのようなアドバイスをする上司に対して、どのような印象を抱くであろうか。「デキる上司だなあ」との尊敬の念を持ち得るだろうか。決してそんなことはないであろう。「あのような上司には決してなるまい」と反面教師の代表例として記憶に刻まれるに違いない。もちろん会社や人事部がそのように言う場合も、同様の印象を持つであろう。

中には、自ら「モチベーションが低い」と言う人もいる。どうしたらもっと成果が挙がるのかについて具体的な思考を巡らすことなく、「モチベーションが上がらない」と、すぐにやる気のせいにしてしまう。「本気を出せば俺だって」と、仕事の技術も身に付いていないのに、モチベーションの問題として片付けてしまう場合も同様だ。

「やる気が出ない」というのが口癖のような人もたまにいる。仕事が捗らないのは自分の能力が低いからではなく、単にやる気が出ないだけだと言いたいのだろう。さらには、自分がやる気が出ないのは、会社に問題があるとも言いたいのかもしれない。**やる気というのは自分自身の内面のはずなのに、それが高まらないことについては外的要因に責任を求めたがる。**やる気すら、自分から切り離して、第三者的に扱ってしまうのだ。

モチベーションを問題にする企業は業績が悪い

「社員のモチベーションが低い」と言う経営者もいる。

「モチベーション低下に課題を感じない企業は業績好調な企業である」との調査結果もあるとおり、モチベーションを問題視する企業は業績が思わしくないケースが多い。責任を社員に押し付けているわけだ。特に、「やる気」という精神論的な部分に業績低迷の原因を求めるのは、思考が働いていない証拠ではないだろうか。

社員に対して、「若いのだから、もっと危機感を持て、元気を出せ！」と言う経営者も多いが、それは無理な話だ。経営者は常に光が当たっているので、業績が上がれば、経営者の手腕は賞賛され、社内外に認知される。裏方である社員には、そのようなモチベーション装置は働かない。限られた役割の中で、一部の機能を果たしているに過ぎない一社員が、経営者と同等の危機感が持てるわけもない。

こういう経営者に限って、社員に会社への忠誠心を求めたがる。会社が社員を信頼せずに、どうして社員の忠誠心が得られようか。こういう経営者はたいてい、自社を他社と比較したがる。「従業員意識調査」をやっては「他社と比べてどうか」と聞き、人材のアセスメント（診断）をしては「他社と比べてどうか」と聞く。置かれた外的・内的環境がまったく異なる中で、そのような比較は何の意味もないのだが、とにかく他社に関心を寄せる。他社と比較して自社の組織風土が劣るとなれば、「管理職の組織マネジメントがなっていない」と言い、他社と比較して管理職の意識レベルや能力レベルが低いとなれば、「だから業績が上がらないのだ」と言う。

結局、社員に責任転嫁したいだけなのだ。そうした結果を根拠として、「従業員意識改革プロジェクト」などを立ち上げてしまうわけだが、そのような発想をしてしまう経営者自身の意識こそが本来問題なのだ。「他社がどうだとか、そんなことに興味はない」と言える経営者は、日本企業では残念ながら多くはない。他社との比較に関心が高いということは、自社の社員を信頼していないことの裏返しである。そういう会社は、何かトラブルなど問題が起こった場合に他人のせいにするような、他責の風土となっていることが多い。

相互信頼関係がないのだから当然であろう。

「モチベーション」はリーマンショックの年から頻出

そもそも「モチベーション」という言葉は、いつ頃から使われるようになったのであろうか。読売、朝日、毎日の一般三紙と日本経済新聞の記事上への「モチベーション」という言葉の登場回数を調べてみた。すると、１９９０年代には四紙合わせて年間で1、２件と、ほとんど登場していない。２０００年代前半は10件前後とまだまだ少なく、２０００年代後半に入って増加傾向を示し、２００８年には１１０件とはじめて１００件を超え、それ以降、高水準が続いている。ちなみに、２００８年はリーマンショックの年である。

また、「モチベーション」という言葉の頻出度合いに別の言葉との関連性はないかと考えてみた。先に述べたように、「モチベーション」という言葉は職場の状況が悪くなると使われるとの前提に立てば、職場における問題と関連性がある可能性が高い。そこで、昨今大きな問題となっている「職場うつ」との関連性を考え、「うつ」という言葉について同様の登場回数を調べてみたところ、やはりかなり近い傾向を示した。

１９９０年代は「モチベーション」と同様にほとんど使われていない。２０００年代前半は二十数件から三十数件となり、２００６年に１０７件と１００件を超え、それ以降、高水準が続いている。ちなみに、２００６年はコミックエッセー『ツレがうつになりまして。』が30万部を超える大ヒットとなった年である。その後、ドラマ化され、映画化もされた。

こう見てくると、「モチベーション」も「うつ」も、最近では非常に多く使われる言葉となっているが、使われるようになったのはそれほど昔の話ではなく、ほとんどここ10年であることが分かる。なお２０１２年は、「モチベーション」も「うつ」も前年までとは違った勢いで頻出してきており、「うつ」は三百数十件になるであろう。「モチベーション」の方も２００件を超えそうである。経済状況もいっこうに上向きにならず、雇用環境はますます厳しさを増す中で、これらの言葉の頻出度合いは今後も増えそうである。

モチベーションはささいなことで上がり下がりする

「モチベーション」に関しては、私自身が専門とする人材マネジメントの中心テーマでありながら、以前から何かしら違和感を覚えていたテーマである。違和感の理由はどこにあるのか考えると、どうやら以下の三点にまとめられそうである。これらの点ゆえ、会社が取り上げるべき観点とはどうも思えないのだ。

一点目が、個人の内面の問題であるという点だ。やる気のあるなしという気分の問題であり、それゆえ、上がり下がりする理由も一人ひとり異なる。

二点目として、個人的理由に最も大きく左右されるという点が挙げられる。ちょっとしたことで上がったり下がったりするが、体調やプライベートな事情、家庭の問題等、仕事には関係のない個人的なことがモチベーションには大きな影響を及ぼす。

そして三点目は、「モチベーションが上がらない」、「やる気が出ない」とは、食うに困らぬ立場にいる人の贅沢な悩みとも思えなくない点だ。生きていくことに精一杯な状況においては、モチベーションがどうのということは問題にはならないからである。

実際、モチベーションはほんのちょっとしたことで上がり下がりする。たいていは大したことではない。にもかかわらず、企業ではおおげさに捉え過ぎているように思うのだ。

通勤途中に鳥の糞が肩にかかったとか、左右違う靴下をはいてきてしまったとか、朝のテレビ番組での占いランキングが低かったとか、仕事に関係のない、おおよそどうでもいいようなことでモチベーションは簡単に下がる。もちろん、天候などによっても気分は大きく左右される。かつての同僚に、ズボンの折り目が消えてしまうと、極端にやる気を失う者がいた。仕事のできる優秀な者だったので、そのことが殊更おかしく思えたのだが、出勤時に横殴りの雨に遭い、ズボンの折り目が消失してしまうと、やる気も消失してしまうのであった。もうその日一日はどうにも仕事にならないようであった。

仕事上においても、モチベーションに影響を与えるのは重大な事柄ばかりではない。頻度としては、ごく軽い、おおよそどうでもいい事柄の方が圧倒的に多い。朝のミーティングで自信満々の意見を出したにも関わらず、あまりコメントもされずスルーされたとか、いつも愛想良く挨拶してくれる隣の課のSさんが微笑みかけてくれなかったとか、世界中で10億人近くいる飢餓に苦しむ人たちからすれば、まったくどうでもいいようなことで、いちいちモチベーションは下がり、元気がなくなったりするのだ。

身体の不調で気持ちまで低下する

身体的理由による、やる気の低下や不機嫌さについては、昔から思想家などが多く言及してきた点である。「身体の一部の故障からくる気弱」という点について、新渡戸稲造が『自警録』の中で述べている。アランの『幸福論』の中でも、「不機嫌の原因はごく単純な身体的なことの場合が多い」という点が強調されている。それらはたとえば、〝ピンを見つけるまで幼な子は泣き続ける〟や、〝不機嫌な人には椅子を差し出せ〟などの言葉として表わされている。

『幸福論』の冒頭にこんな話が出てくる。赤ん坊が泣きやまない。困った乳母はその時、赤ん坊の性質に対してあれこれと憶測する。両親に問題があるのではないか、父親の性格に問題があってそれが遺伝したのではないか、と想像だけが膨らんでいく。しかし実際のところ、赤ん坊が泣いている本当の原因は、産着の中にピンが挟まっていたからだった。つまり、赤ん坊は親譲りの癇癪もちでぐずっていたのではなく、極めて単純な物理的な理由から泣いていたというわけだ。

また、次のような話もある。人が苛立ったり、不機嫌だったりするのは、しばしばあまりに長く立ち通しだったせいである。そんな時は、その人の不機嫌に対してあれこれ理屈をこねるのではなく、椅子を差し出してやるのがいい。自分が何かしら不機嫌な状態にあるとした場合、何か精神的な原因があるのではないか、あるいは、他人との関係に原因があるのではないか、などと考えてしまいがちだ。でもそのほとんどの場合は、自分でも気づかないどこかに身体的原因があることが多いというわけだ。

破壊的な影響を及ぼすプライベートな要因

かつての職場でのこと。気分的な浮き沈みが比較的大きい20代後半の女性の部下がいた。ある時、それまでにないくらいモチベーションが高くなったことがあった。どうしたのだろうか、と不思議に思ったが、知らなかったのは上司であった私だけだったらしく、他の者に聞いてみると、独身の彼女に彼氏ができたということだった。ごくプライベートな事情ではあったが、それはもう、どんな困難をものともせずに、火の中、水の中といったくらいに、とにかく仕事上のモチベーションは高まった。こんなにも変わるものかな、と感心するくらいであった。と共に、一抹の不安も覚えた。これはもし失恋でもしたら、その時の反動はたいへんなことになるに違いないと。

残念ながら、危惧していた事態が数ヶ月後に訪れることになった。見る影もないという言い方があるが、まさしくそのような状態となり、かろうじて会社には出てきてはいたものの、お昼も食べていないようで、1週間で信じられないくらいに痩せこけてしまった。それはもう息をしているだけでも辛そうといった感じである。同僚が心配していろいろと気遣いをしても、もう完全に閉ざしてしまっており、誰が何を言ってもダメである。モチベーションなんてあったものではない。精神が崩壊してしまわぬように、とりあえず毎日会社にだけは来るように、あとは何をやっていてもいいから、というような言葉を掛けるくらいしかできなかった。

幸い、1ヶ月近くも過ぎた頃には、少しずつ普通の会話ができるようになり、笑顔も出るようになった。離職することもなく、もとの浮き沈みのある彼女に戻った。

当然ではあるが、モチベーションには、こうしたプライベートな出来事が圧倒的な影響力を及ぼす。にもかかわらず、会社は仕事の面だけを捉えて、やる気を出させようと策を練る。この彼女の失恋後の状態のような時に、仕事面だけを捉えてなんとかやる気を出させようと、チャレンジングな役割を与えたり、あるいは、キャリアプランの作成を命じて提出させたりしたら、どんな事態を招いたであろう。ましてや、モチベーション向上のための研修などに召集したとしたら。……想像するだけでも恐ろしい。個々人ごとに、またそれぞれのタイミングごとに、気分の浮き沈みは当然ながらあり、その理由も千差万別である。そういう当たり前のことを直視せず、モチベーションという個人のごく内面の問題に会社として踏み入ることの危険性を今一度考える必要があるのではないだろうか。

モチベーションは会社員特有の問題

モチベーションの問題とは、会社員特有の問題と言えなくもない。八百屋や魚屋の店主が、「今日はモチベーションが上がらない、やる気が出ない」なんてことは言わない。会社員以上に単調な毎日を送っているはずではあるが、体調が優れないことや、面白くないことがあった時でも、やる気があろうがなかろうが、毎日やるべきことをやらなければ生活が成り立たない。だから毎日、朝早くから市場に赴く。モチベーションなんて考えている暇はないのだ。多少言い過ぎかもしれないが、会社員の場合、比較的余裕のある職業生活を送っているがゆえ、モチベーションということを問題視するようになるとは言えないだろうか。

ある企業において、ある日突然、大きなリストラをしなければならなくなり、全社員の半数を解雇することになったとする。そのような状況において社員は、出社して、「今日はやる気が出ないなあ」なんてことを思ったりするだろうか。そもそもモチベーションという考え自体、出てくる余地はないであろう。

結局、現状に十分な危機感を覚えている時にも、あるいは先に述べたようにフローの状態のようなプロセスに没頭している時にも、モチベーションという概念は消失していることになる。ということは、**モチベーションという考えが頭の中に浮かぶシチュエーション**

としては、危機感も抱いておらず、プロセスに没頭もしていない状況、いわば〝弛緩した状況〟にある時ということになる。

日本では格差が拡大しているとか、ワーキングプアが増加しているなどと言われるが、貧困率の国際比較データを見れば分かるとおり、他の先進諸国と比較しても貧困率は極端に低い水準にあるのだ。時代を遡れば、明治、大正期までは、生きていくために休みなく、昼夜問わず過酷な肉体労働に耐えるといった労働状況が普通にあった。戦後は滅私奉公の精神のもと、「身を捨てて お国のために働くのが当然」という考え方があった。そこには自己の欲求を満たすという発想はなかった。

現代に生きる我々は、多少経済状況がどうのということがあるにせよ、相当に恵まれた環境にあることは間違いない。個人の欲求を中心に据えた現代の社会思想が社会人の軟弱化に拍車を掛けているということもあるであろう。モチベーションを企業経営上の課題とすること自体、本来問題があるのではないだろうか。

第二章 なぜ、会社と上司はモチベーションを削ぐのか？

デキる上司が部下のモチベーションを下げる

ある大手メーカーに仕事はデキるが、部下の扱いに問題のあるKさんという人がいた。デキる上司ではあった。敵は多いが、そのはっきりした物言いや物事を進める速さが上層部の一部に気に入られ、出世頭となっていた。同世代の課長クラスからいち早く抜け出し、部長となった。元同僚であった課長たちは、彼の部下となり、大きな不満を抱いていた。

Kさんはあからさまな出世志向があり、自らの手柄を立てることにたいそう熱心だった。そうした意味で、端から見ていても、モチベーションは極めて高かった。元同僚の課長連中をはじめ、周囲の人たちのモチベーションが低めだったこともあり、とりわけ彼の高さは際立って見えた。

中途で入社した優秀な部下のYさんが唯一、Kさんの信奉者であり、下働きを一身に担っていた。彼はといえば、モチベーションが下がらないようになんとか頑張って維持しているという、少々悲壮感が漂う雰囲気があった。他の部下たちは、言われたことだけは淡淡とこなすが、深く関わることは避けているように見受けられた。

部下のYさんの頑張りによって挙がった成果で、Kさんは部長に抜擢されたわけだが、

Yさんの立場は変わらず主任のままだった。KさんはYさんの昇進を後押しすることもなく、彼の働きを上に伝えることもなく、ひたすら自らの成果として喧伝していたようであった。Yさんを含め、部下たちは皆〝使い捨て〟の状態であった。

その後、唯一KさんについていっていたYさんも、Kさんが部長に昇進したあと、程なくして、見切りを付けて転職してしまった。このKさんだが、それから2年ほど後に本社の中枢部門からは外れ、ある事業所の部長級のポストに配置換えとなった。このKさんのような上司がいる場合、その部下の人たちにとってモチベーションの維持は相当困難なものとなるであろう。Kさんは、仕事上の実力はあったと思われるが、管理職としての適性は極端に低かったといえる。

一般社員の9割が育成力のない上司のもとで働いている

モチベーションを削ぐのは、デキる上司でない場合も当然ある。一般的に、リーダーとして優れている人が上司であることの方がむしろ少ないであろう。セミナーなどで、「自社に〝育成力〟のある管理職が、管理職全体の3割以上いるという方は挙手願います」と聞いてみると、100人いるうちの1人か2人だけ手が挙がるという感じである。そのような場では挙手のしづらさもあるであろうと思い、セミナー後に数人の人と個別に話をしてみると、「仕事ができるということでは、基本的にはそれが認められて管理職になっているわけなので半数くらいはいるが、〝育成力〟となると、1割いるかいないか」というような答えが圧倒的に多い。つまり、一般社員の9割の人たちは、〝育成力〟のない上司のもとで仕事をしているということになる。

伝統的な大企業であれば、たいていはおおよそ年次順に昇進昇格がなされる。そのため、適性や実力のない上司のもとに、優秀な若手がつくことはごく普通にある。適性や実力を見て、妥当な登用がなされている会社の方がまだまだ少ない。

このようなケースでは、上司はとにかく「馬鹿にされたくない」、尊敬されないまでも「尊重して欲しい」との思いを強く抱く。そういう思いが、「上司らしくしなければ」という気負いとなり、部下のやることなすことに何かと介入するといった行為となる。このような上司の場合、デキる部下にはかえって辛く当たることもある。

優秀な部下が素晴らしいアイディアを出しても、あえて抹殺したりする。一方で、あまり仕事はできないが、自分に尻尾を振ってくれる部下を重用する傾向がある。新たに立ち上げるプロジェクトのリーダーに、そうした部下を据えたりするのだ。そのような場合、優秀なメンバーは、プロジェクトのリーダーは仕事がデキないし、その上の上司はそれに輪をかけて仕事がデキないという惨憺たる状況に見舞われることになる。こうしたケースは、上司要因によって優秀な社員のやる気が削がれるという、比較的よくある例である。

やる気満々、〝オーバーマネジメント〟上司の弊害

新任の管理職などにありがちなのが、張りきり過ぎの〝オーバーマネジメント〟である。要するに、やり過ぎ、管理のし過ぎである。メンバーの成熟度にもよるが、一定以上の経験のあるメンバーの場合、こうしたやり方は逆効果になる可能性が高い。高い理想を持ち、中にはかつての上司を反面教師とし、自分がその立場になったら、という意気込みをもって管理職としての職務にあたる人もいる。あるいは、新任管理者研修で学んだことをそのまま適用しようとする人もいる。

外資系大手のハイテク企業でのこと、ある時、付き合いのあった担当のマネジャーが配置転換となった。新たに担当になった人は、新任でマネジャーになった人だった。年齢的に比較的遅めのマネジャー昇進のようだった。最初にお会いした時には、たいへんに目を輝かせて、「自分がマネジャーになったからには……」と熱い思いを語って聞かせてくれ

た。「部下は今のところ2名与えてもらっています。今後はもっと増えていくと思いますが」とも言った。「与えてもらっています」という、自分の所有物のような言い方が若干気になった。「すごい意気込みだなあ」と感心する一方で、いくらなんでも肩に力が入り過ぎてはいないだろうかとも思われた。

同席していた部下2名のうち、一方は入社2年目ということだった。もう1名は30歳前後の優秀そうなメンバーだった。若手の方は、上司と同じように目を輝かせて打ち合わせのメモを熱心にとっていた。一方のキャリアの長い方の部下は落ち着いた態度であったが、前向きな印象は特に感じられなかった。当のマネジャーは、その場でテキパキと指示を出し、それらについての大まかなスケジュールや、社内打ち合わせの日時まで、その場で決めていた。

それから次にお会いした約2ヶ月後、当人は見る影もないくらい元気を失っていた。策定したプランが通らず、新しい方向を模索しつつも、これまでどおりの制度運用や労務管理に多くの時間を費やしているとのことだった。2名いた部下のうち、キャリアの長い方の部下は他の部署へ配置転換になっていた。本人自身が希望を出して異動したようだった。若い方の部下も、前回とは見違えて覇気がなかった。それでも、前回同様、そのマネジャーは、打ち合わせの内容に関わる点についてその場でいろいろと指示を出していた。しかし、部下の方はそれをメモするペンの走り具合が、どう見ても前回とは違っていた。手帳を開いて、ひと言、二言メモをとったかと思ったらすぐに手帳を閉じてしまう。どうも上司と部下の意識に乖離が生じているようであった。

上司は自分のことに忙しいくらいでちょうどいい

その若手の部下の方を見ていると、採用時にやる気満々で、入社後徐々にやる気が低下していく人と同じプロセスを辿っているように思えた。結局は上司のひとり相撲であり、空回りの状態である。空回りする場合、どうしてそのようになってしまうのか。部下など関係者との間に何らかの乖離が生じるからであろう。

まずは、「なぜ、それを行うのか」、そこが腹に落ちていなければ、先に進みづらい。次に、実行する意味は分かったとしても、「それにあたって何をすべきか、どのように進めるべきか」についての理解という点がある。上司が魅力的なゴールを設定し、こうすればそこへ必ず到達すると確信していたとしても、部下には理解できないことも多い。立場も違えば、経験値も違うので、当然といえば当然である。そのゴールが魅力的に思えなかったり、または、こういうプロセスを経て本当にそこへ到達できるのかどうか不安が拭えなかったりということも多い。こうした乖離を一つひとつ埋めていくことができなければ、上司の張りきりが空回りする状況は回避できない。

顧客企業での管理職ヒアリングなどで、「部下を育成せよと言われているが、プレイングマネジャーであって、自分の業務もあるのでそこまで手が回らない」と言う意見を聞くことは多い。しかし、〝オーバーマネジメント〟による弊害を考えれば、実際はそれくらいでちょうどいいのではないかと思われなくもない。プレイングがなく、ピープルマネジメントだけだったら、多くの場合、〝オーバーマネジメント〟、あるいは細かな点を指摘し過ぎる〝マイクロマネジメント〟になってしまい、部下を萎縮させてしまう可能性は高いであろう。

「人を育てる」といった時間のかかることを中長期的視野でできる管理職はそう多くはない。**目に付いた細かな点を指摘することは容易《たやす》い。それをマネジメントと勘違いしているケースは多い。**

「『組織というものはオーバーマネジメントになりやすく、干渉の不足より過剰こそが多くの組織上のトラブルの因《もと》となっている』と社会心理学者のカール・E・ワイクも述べている」
（『組織化の社会心理学』文眞堂）

育成型マネジャーより管理型マネジャーの方が多い理由がここにある。

モチベーションを削ぐ最大の元凶は「評価」

企業において、社員のやる気を奪う最たるものは何かといえば、おそらく「評価」であろう。上司が問題になるケースでも、結局は上司に「評価権」という人事権があるからである。上司が業務上の指導係であっても、「評価権」がなければ、それほど部下が気遣いをすることもなく、自分の意見を抑えてひたすら指示に従う必要もなく、もっと自由度高く仕事ができるはずだ。

高度成長期の頃は、「もっと職場に潤いがあった」と言われることも多いが、一つの理由は上司の「評価権」があってないようなものだったからともいえる。形式上の評価はするが、実質上差は付かず、年齢と勤続年数によってほぼ一律の処遇がなされていたからだ。

それが成果主義的人事制度が導入されたことによって、上司の評価結果によって処遇に大きな差が付くこととなり、社員が窮屈さを感じるようになった。ダメな上司ほど公平な評価などできないので、なおさら悪影響が強く出ることになる。このような状態で自分の意見を押し殺して仕事をしていれば、どうしても〝やらされ感〟が出て、やる気は減退してしまう。

別の言い方をすれば、成果主義の影響として、「タテの関係」が強化されたとも言える。指示命令をし、評価をする上司と部下の関係がより一層強化された。一方、「ヨコの関係」や「斜めの関係」は薄れることになった。皆自分の成果を挙げることに一生懸命となり、他者に関わっている余裕がなくなった。同僚同士の関係や、先輩、後輩、隣の部署の上司などとの斜めの関係は極端に弱くなった。結果として、上司・部下だけの窮屈な関係が基本となる。そうなると、上司に叱られたりすれば、そのインパクトは必要以上に大きくなる。かつてのように先輩が元気づけてくれるとか、飲みに連れていって自らの失敗談を聞かせるなどのフォローをしてくれるということもなくなってきた。**人材は多様な関係の中で成長する。上司との関係性の中だけでは成長も限定的なものとなってしまうのだ。**

採用時のやる気はなぜ続かないのか？

採用選考時には誰しもやる気を前面に出して面接を受けに来るわけだが、採用担当としては、その中でもひと際やる気に満ちた人に期待を抱き、採用することも多いと思う。しかし、私自身の経験からしても、やる気をみなぎらせて入ってきた人たちの多くは、入社後に期待を裏切られることが多いようだ。なぜ、採用時のやる気は持続しないのか。入社するにあたっては、新卒、中途を問わず、皆期待に胸を膨らませてやって来る。しかし、現実を知る前の期待は、とかく過剰期待になりがちである。徐々に現実を知るにつれ、夢から覚め、日常業務に埋没していくことになる。後から、自分がどんな期待を抱いていたのかを冷静に振り返り考えてみれば、いかに非現実的な思いであったかが分かるであろう。

日本生産性本部で毎年春と秋に行っている「新入社員意識調査」の結果は、入社後の意識の変化をよく表わしており興味深い。

２０１１年の調査結果を見ると、「自分には仕事を通じてかなえたい『夢』がある」に対して、「そう思う」と回答した割合が、春の時点では71・3％であるのに対し、秋の時点では52・4％となっている。春時点の数字は２００５年以降増加傾向にあるが、一方、秋時点の数字はいずれも55％前後と横ばいになっている。その結果、春と秋とで年々開きが大きくなっているような状態である。また、「条件の良い会社があれば、さっさと移る方が得だ」に対して「そう思う」と答えた割合については、春の時点が24・0%であるのに対し、秋の時点では40・7%と大幅アップとなっている。

入社後の半年間に何があるのか。調査結果から分かることは、わずか半年の間に多くの新入社員たちが夢をなくし、早くも会社に見切りを付けつつあるということだ。また、「従来の基準や慣習に反しても、法律に反しないことであれば、どんな強引な手段や方法をとっても問題はない」に対し、「そう思う」とする回答の割合は、春の22・0%に対し、秋は28・8%となっている。この28・8%というのは過去最高とのこと。成果へのプレッシャーなどが強く感じられ、何かしら悲しい気持ちになる結果である。

中途入社の場合でも、入社後に「話が違っていた」と嘆く人は多いものだ。「あなたにはマネジャーとしてメンバーをまとめていただくことを期待しています」「ほとんどのことはご自身の裁量で意思決定していただいて結構です」「評価が良好であれば年収相当分くらいのインセンティブボーナスが支払われることもあります」等々、採用面談時には色好い空手形が乱発されることも多くある。それで実際に入社してみると、マネジャーとしての期待はどこへやら、一プレーヤーとしてノルマまで課せられる始末、何度上司に意見を上げても体よく保留にされるばかり、企業業績の悪化によりボーナスは凍結、なんてことはごく普通にあるわけだ。企業が多くの場合、中途入社者にどんなことを期待しているかを冷静に考えてみれば、入社前に聞いていたことの多くは空手形であることくらいは分かるはずだ。しかし実際には、現状への不満が強いほど、その反動もあり、自分への期待を表明してくれる人の言うことを善意で解釈しがちなものである。本人も過剰期待に気をつける必要があるが、会社側も空手形を乱発し過ぎないよう、特に金銭面については伝え方に慎重を期する必要がある。

若手社員のモチベーション、中高年社員のモチベーション

企業が社員のモチベーションを問題視する場合、大きく分けて二通りの対象が想定されている。一方は、若手社員を対象とした、「若手のモチベーションが低い、元気がない、内向きだ」などのいわゆる「最近の若者は」的な論調のものである。もう一方は、近年特に増加傾向にある、中高年社員のモチベーションを問題視する向きである。これら二つの対象に関するモチベーションについて、経営陣や人事部が問題視するだけではない。それぞれが互いに問題視し合っていることもある。中高年社員は若手に対しては、「最近の若者は内向きだだ」、「失敗を怖れてチャレンジしない」などと盛んに言いたがる。一方、若手

や中堅の社員は、中高年、特にバブル世代をターゲットとして、閉塞感の元凶だとする批判を展開する。

以下に、若手社員のケース、中高年社員のケースのそれぞれについて考察するが、若手社員については、決して「内向き」とする正しい論拠があるわけではない。また、中高年社員も決して危機感がないわけではなく、貢献意欲を持っている者は多い。いずれの場合も、ある世代を一緒くたにして、「モチベーションが低い」と言ってしまうところにまず問題がある。また、そもそもモチベーションという個人の内面的な点に帰着させてしまうのは、既に述べたとおり、問題の本質を見誤っているということになるのだ。

若手社員内向き論の過ち

経営陣をはじめ、管理職の人たちは、若手社員に対して「内向きだ」と言いたがる。本当に最近の若手社員は内向きなのだろうか。私自身としては、**20代社員と50代社員とを比較すれば、50代社員の方がはるかに内向きであるとの印象を受ける**。にもかかわらず、会社内での発言力の差であろうか、会社の中では、若者が内向きということにされている。

一人の若者から「海外勤務を希望しない」と聞けば、それをもって「最近の若者は内向きだ」と凄まじい一般化をし、「留学生の数が減っている」という報道に触れれば、そのデータの真偽を確認もせずに、我が意を得たりとばかりに「最近の若者は内向きだ」と言う。データをきちんと見れば、留学生の数は多少減ってはいても、バブル期の4倍くらいの水準を維持しているのだ。ではなぜ、それほどまでに「若者は内向きだ」と言いたいのだろうか。自分は「外向きだ」と言いたいのだろうか。そもそも、目指すべき外向きとはどのようなものなのか？　海外経験があれば「外向き」なのか？

私は、海外現地法人で働く、恐ろしく内向きな日本人社員をアジア各国で多く目にした。日本人村から一歩も出ないという人たちだ。むしろ、そうでない日本人社員の方が少数派のようにさえ見えた。休みの日には日本人とだけ一緒にゴルフへ行き、カラオケやマージャンまでする。日本にいるのと何ら変わりはない。住宅も、安全面を考慮してということで、ほとんど日本人しか住んでいない高級アパートメントに住んでいる。家族も、鉄格子で仕切られた敷地内から出ることは少なく、敷地内の共有スペースはまるで日本のどこかの公園のようにしか見えない。仕事上も、幹部社員は日本人で占められているため、会議も日本人とだけ日本語で行う。企業によっては、顧客も日本企業のため、「英語や現地語を使う機会は買い物くらいしかない」と言う人もいた。情報も日本人ネットワークから得た情報だけであり、仕事も本社から言われたことしかやらない。日本にいるよりもさらに世界が狭い。まるで、〝海外引きこもり〟の状態である。それでいて、日本へ帰れば、グローバル人材のような素振りをする。国内にいても、海外動向に興味を持ち、アンテナを立てて情報収集をしている人の方がよほど外向きであろう。

このような実態があったとしても、会社の中では「最近の若者は内向きだ」という意見が幅をきかせ、若手社員はビジネス上のモチベーションが低いかのように言われがちなのだ。

〝研修〟で本当にモチベーションは上がるのか?

昨今では、企業の人事部へお伺いし、「人事・組織分野における今後の重点課題は?」とお聞きすると、「グローバル人事」や「次世代リーダーの選抜・育成」と併せて、最頻出課題の一つとして挙げられるのが「中高年のモチベーション」である。「40代、50代の活性化」や「バブル世代の意識改革」などの言い方をされることもある。

先日、あるニュース番組を見ていたところ、「バブル世代の意識改革」が特集されていた。40代のバブル世代が組織にぶら下がっているのが問題だとのことだった。若手人事の人がインタビューに答えて、「40代の人たちにはもっと頑張ってもらいたい。下の人たちが追いついちゃうぞ、それでいいんですかと言いたい」と、まさに言いたい放題だ。

「バブル世代の意識改革」と銘打たれた取り組みは、裏を返せば、バブル世代悪者論であり、お荷物論である。「もっともっと成果を挙げられるはず」との前提に立っている。ということは、現状において「手を抜いている」との認識があるわけだ。「バブル世代の意識改革」などと打ち出されて、当のバブル世代社員たちは、どのような気持ちでいるのか、経営者や人事部の人たちは考えたことがあるのだろうか。

それで打つ手は、やはりこうなってしまうのだ、「意識改革研修」。課題は何であれ、着地は研修となってしまうのが日本企業の常である。研修または人事制度改訂、それ以外の対策を聞くことは本当に少ない。それらが奏功しないことは、これまでの経験からほぼ自明であるにも関わらずである。そういう企業に限って、研修をやってもやりっ放しであり、投資効果の測定などはしない。要するに経営者も緩いのだ。

「意識改革研修」をやって、バブル世代の意識が高まり、パフォーマンスが挙がるなどと、本当に思っているのであろうか。研修が効果を挙げるための最低条件の一つは、受講者の十分な当事者意識であるが、当のバブル世代社員たちが、「俺たちバブル世代はダメなんだ、意識が低いのが問題なんだな、では会社が提供してくれる意識改革研修を受けて意識を高め、パフォーマンスを挙げよう」と思うとでも想定しているのだろうか。

打つ手が研修というのもずれているが、この場合、そもそも問題の捉え方自体が間違っているので、対策以前の問題である。バブル世代を皆一緒くたにしている点がまずおかしいし、さらには、「意識の問題」という捉え方が根本的に誤っている。小学校の先生が、「このクラスの生徒はみんなダメだ、成績を上げようという意識が低い」と言っているようなものだ。このケースに置き換えれば分かるとおり、こういう場合、ダメなのは生徒ではなく先生なのだ。それを生徒のせいにし、さらには意識という内面へ矛先を向けてしまうのは〝思考停止〟のなせる業である。

バブル世代社員の思い

私自身、バブル世代であり、大企業に勤める友人たちの悲哀を度々聞いているので、企業におけるバブル世代社員の実態については、おそらくその企業の経営者よりはよく理解していると思う。バブル世代社員は、意識が低いわけではない。貢献意欲はあるが、立場が曖昧なケースも多く〝貢献感〟が持てないのだ。危機感が薄いわけではない。定年まで居場所があるかどうか、日々不安に思っているくらいだから、むしろ危機感は強い。

少なくとも、個人の意識の問題ではないのだ。そのように捉え違えてしまえば、その先は、矛先がひたすら当人たちの内面へ向かうだけであり、対応はすべてずれてしまうことになる。それればかりか、逆効果にさえなってしまう場合も多いに違いない。

相互信頼を根底とするアドラー心理学では、健全なパーソナリティーの条件として、「自己受容」や「信頼」、「所属感」、「貢献感」などが重要なものとして挙げられる。バブル世代社員の貢献度を高めるには、不安を取り除き、「所属感」や「貢献感」を感じられるようにするなど、健全な状態をつくることが不可欠である。不健全な状態を放置したまま、小手先の対策をいくら打ったところで、問題の本質にはまったく迫れない。ましてや、バブル世代社員をターゲットとして「意識改革研修」を行うなど、会社としての社員への「信頼」のなさを強調し、当人たちの「自己受容」を破壊する。事態をますます悪化させるくらいの効果しか想定し得ないのだ。

会社は社員の邪魔をしないことが第一

ここまで、会社や上司がいかに社員のモチベーションを削いでいるか、また、社員はいわれなき低モチベーションのレッテルを貼られているのかを見てきた。誰もがモチベーションは、できれば高い状態を維持したいと思っているはずだ。しかし、会社の中で働くうえでは、何かと障害があることも事実。それは前提としつつも、そもそも、**社員は会社に対して、自分のモチベーションを高めて欲しいと思っているのだろうか。モチベーションを維持するうえでの邪魔はしないで欲しいとは思っているかもしれないが、高めて欲しいとは思っていないのではないだろうか。**

「ほとんどの企業が完全に勘違いしている。企業は社員に『やる気を起こさせる』必要があるのではない。『やる気をなくさないようにする』必要があるのだ」と、経営コンサルタントのデビッド・シロタ氏は述べている（『プレジデント』2006年4月3日号）。

氏はシロタ・サーベイ・インテリジェンス（ニューヨーク州）が、フォーチュン1000社企業を中心とする52社の約120万人の社員を対象に2001年から04年にかけて行った調査をもとに、「社員の大多数は、新しい仕事を始めるときにはかなりの情熱を持っている。しかし、約85％の企業で、彼らの士気は最初の半年が過ぎると急激に低下し、以後は下がる一方になることが明らかになった」と指摘する。そして、「責任はマネジメントにある。社員を管理するために企業が用いる方策や手順と、個々のマネジャーが部下と築く関係の両方にある」と総括している。

調査結果は、先に述べた日本生産性本部の「新入社員意識調査」の結果とも共通する。この指摘にもあるとおり、会社の中では急速に社員のモチベーションを奪うようなマネジメントがなされており、「やる気を起こさせよう」とすることが逆に災いしていることが窺える。この事実はどの企業においても無縁ではないことを肝に銘じる必要がある。それと共に、**「やる気を起こさせよう」とすることと、「やる気をなくさないようにしよう」とすることはまったく別物であることを理解する必要がある。**

第三章 そもそも、モチベーションは高ければいいのか？

モチベーションの高い「タイプA行動パターン」の人は成功しない？

山崎豊子の長編小説『白い巨塔』は、医局制度など医学界の腐敗を描いて人気を博し、映画やドラマにもなった。主人公として登場する外科医の財前五郎は、次期教授を狙う野心家であくが強い性格の持ち主として描かれている。組織の中にあって、モチベーションが極めて高い一つの典型のような人物である。こうした人物特性は、「タイプA行動パターン」といわれる。

「タイプA行動パターン」とは、1950年代に、アメリカ人の医師、フリードマンらが発見し、名づけた人間のタイプだ。性格面では、「競争的、野心的、精力的であり、何事に対しても挑戦的で出世欲が強い、常に時間に追われている、攻撃的で敵意を抱きやすい」という特徴がある。また行動面では、「機敏、せっかち、多くの仕事に巻き込まれている」等がある。このタイプの人は、狭心症や心筋梗塞などの心臓疾患になりやすいといいう。

さて、財前五郎は、医師会の実力者である義父の後ろ盾のもと、賄賂や脅迫など、なりふり構わぬ抱き込み工作により教授の座を射止める。しかし、教授に就任後、自らの驕りによる医療ミスで訴えられ、最後は自らが専門とする癌で命を落とすという結末だ。

タイプAの人は、進んでストレスの多い生活を選び、ストレスに対しての自覚があまりないままに生活する傾向がある。イメージ的には、ビジネスで成功する人には、このタイプの人が多いようにも思われがちだが、フリードマンによると、実際のところはタイプAの人よりも、その反対の傾向を示すタイプBの方が成功しやすいそうである。財前五郎もそうであったように、タイプAの人はストレスによって疾患を患う確率が高く、仕事に支障を来す場合が多くなるのが一つの理由のようだ。確かにそうしたメンタリティで長年やっていくことは容易ではないであろう。また、敵を多くつくってしまい、足元をすくわれることも多いのかもしれない。

さて、タイプB行動パターンだが、タイプAとは反対の性格傾向を持つ。あくせくせずにマイペースで行動し、いつもリラックスしており、非攻撃的などの性格傾向を持つ人だ。『白い巨塔』の中の登場人物でいえば、財前五郎とは対極的な人物として描かれている内科医の里見脩二がこのタイプに当たるであろう。さらなる研究によるタイプCという定義もある。タイプCは、いわゆる「いい子」で自己犠牲的であり、周囲に気を遣い譲歩的、我慢強くて怒りなどの否定的な感情を表現せずに押し殺す、まじめで几帳面といった特徴を持っている。

「タイプA行動パターン」の上司とイエスマンの部下

企業の中を観察すると、タイプA行動パターンの人が上司である場合、その部下は〝イエスマン〟であるケースが多いようだ。タイプAの上司の部下がイエスマンでない場合は、上司と衝突することが当然多くなる。部下の主張を受け止める寛容さを持っていない上司からすれば、自分に意見するような部下は〝ダメなやつ〟となり、ネガティブな人間だなどと決めつけられかねない。よって、部下の立場でなんとかタイプA上司と折り合いを付けようとすれば、必然的にイエスマンとならざるを得ないのであろう。

結局、イエスマンばかりが重用されることになる。ワンマン社長の周りをイエスマンの役員が取り巻いている例はありがちな光景だが、それは右記のような事情に鑑みればごく自然な成り行きなのだ。社長と役員に限らず、タイプA上司の取り巻きがイエスマンばかりのため、本当はデキるのに不遇な目に遭っているメンバーを目にすることはないだろうか。

タイプA行動パターンのマネジャーとイエスマンの部下とのコンビは、端から見れば、モチベーションが高く見えるに違いない。しかし、実態としては自らの出世に一生懸命で独善的になっている上司と、そうした上司になんとか気に入られようと自らの意見を押し殺して、ご機嫌取りに徹している部下であったりする。

一緒に働きたいタイプかどうかという観点ではどうだろうか。タイプA行動パターンの人と進んで一緒に仕事をしたいと思うだろうか。できればタイプBやタイプCの人と一緒に仕事をしたいと思う人が多いのではないだろうか。たとえば、連休明けの出勤日などを想定してみてもよい。上司や同僚がタイプAである場合、会社へ向かう足取りがなおさら重たくなるのではないだろうか。

また、タイプA行動パターンの人は、もともと競争心が強いので、出世競争で同僚に先を越された等、何らかの理由でモチベーションが下がり、ネガティブに振れた時の攻撃性は目に余るものがあるに違いない。いずれにしても、共に働く仲間としては遠慮したいタイプであろう。

自信家の人はストレスを溜めやすい

自信家の人はとかくストレスを溜めやすい傾向にある。スポーツにおける「逆U字理論」でも示されているとおり、モチベーションが高過ぎると、焦り、力み、強い緊張、狼狽となってパフォーマンスは低下することもある。それでますます高ストレス状態となっていくのだ。自分自身についてストレスを感じるばかりではなく、他責の感情も強くなる。目標の達成度合いが低いとか、思いどおりに事が進まないとか、他者が思ったように動かないなど、よくある状況の一つひとつについて、いちいちストレスを感じ、周囲に対しても不機嫌に応じるようになる。

矛先は上司にも向けられる。「上司は無能だ」などと言いたがる社員がそれだ。上司が十分に認めてくれない場合、「自分を認めない上司が無能なのだ」という結論へ持っていきたがる。誰しも実際のところ自信過剰ではあるが、特に自分自身や周囲の状況を客観的に見ることができない場合、この傾向へ進むケースは多い。

このケースは、もともとはモチベーションの高い人に多い。**モチベーションが高過ぎると目指す先ばかりを見るので視野が狭くなり、周囲が見えなくなることがある。**自分はこれほどチームに貢献しているのに、ひと言声掛けた程度で終わりなのか、もっと賞賛を浴びて然るべきではないか、と過剰な期待を抱いたりする。こういう人は、上司が自分を賞賛しないのは、同僚が自分よりも優れたパフォーマンスを示したからだとは決して思わない。また、たくさん配属された新人の育成に上司が手一杯だからだとも思わない。上司にとって、部下は自分一人だけではないことを完全に忘れている。その結果、自分は十分に尊重されていないという思い込みの末、「上司は無能だ。そんな上司になど認められなくてもいい」と勝手に不貞腐《ふてくさ》れてしまうのだ。

　モチベーションは高いに越したことはないと一般的には思われがちだが、何事も行き過ぎは何らかの副作用を生じさせるように、モチベーションも高過ぎる場合にはリスクが発生する。高過ぎるモチベーションがずれた方向へ暴走した場合にはなおさらである。組織の中で、周囲に悪い影響を与えているのは、モチベーションが低い人ばかりではない。**やる気のない、ぶら下がり社員は困った存在ではあろうが、周囲に対して破壊的な影響は及ぼさない。**「まったく困ったやつだ」と思われるくらいだ。**一方、モチベーションが高い人の場合、ともすると破壊的な悪影響を及ぼすことがある。**

モチベーションが高く不機嫌な人がまき散らす悪い空気

　本人のモチベーション云々に関わらず、結局、周囲に影響を及ぼすのは、その人の振る舞いである。常に機嫌よく振る舞える人もいれば、不機嫌を前面に出してしまう人もいる。

モチベーションが高い人は皆、上機嫌というわけではない。モチベーションは高いものの不機嫌であることもある。一方で、モチベーションは高くないものの常に上機嫌であるという人もいる。既に述べたように、ハイモチベーション人材は競争心も強く、出世意欲も高い人が多い。そのため、本人の状況の良い時には上機嫌に振る舞いもするが、いったん状況が悪くなりだすと、すこぶる不機嫌になったりもする。

また、モチベーションの高いマネジャーの中には、組織の成果志向を高めるべく、厳しい態度に過度に徹する人もいる。そうした場合、職場には雑談も許されないピリピリとしたムードが漂うことになり、そこで働く人に大きな影響を及ぼす。

上機嫌に振る舞うことは社会人としてのマナーともいえる。イギリス人の作家サッカレーは、「上機嫌は人が着ることができる最上の衣裳である」と言っている。アランも『幸福論』の中で、「私は義務の第一位に上機嫌をもってくるにちがいない」、「不機嫌というものは、結果でもあるが、それに劣らず原因でもある」と述べている。不機嫌は不機嫌を誘発し、全体を不機嫌にしてしまうからだ。

職場にポジティブな空気ができている場合、生産性も高く、創造的な仕事ができやすい。数学者のマルシャル・ロサダは、10年間にわたって、業績のいいチームと悪いチームを研究した。そして、その膨大な数学的モデルに基づき、ビジネスチームに成功をもたらすためには「メンバー間のポジティブな相互作用とネガティブな相互作用の比率」が、最低でも2・9013対1でなければならないことを突き止めた。これは「ロサダライン」、または「3：1の法則」と呼ばれている。**一つのネガティブな意見や行動の悪影響を打ち消すのに、3倍の量のポジティブな意見や行動が必要だ**ということだ。**ポジティブとネガティブの割合がこのライン以下だと、チームの仕事ぶりは急速に落ち込む。**ラインを上回る比率であれば、チームは能力を存分に発揮する。調査結果によれば、6対1くらいが理想だという。こういう点からすれば、上機嫌を周囲に振りまいてくれる人には感謝すべきであろう。一方、自分の感情のままに不機嫌を振りまいてしまう人は職場に対して大きな害を及ぼしていることになる。

　不機嫌な態度をとってしまうのは、自らの不快な感情をそのまま表に出してしまうからで、幼稚であるともいえる。幼い子供であれば、面白くない時には面白くないという感情をそのまま出し、イライラした時にはそのイライラをそのまま表情に表わす。しかし、大人が職場においてそれをやっているようでは社会人とはいえまい。こういう点は、立場上のこともあるであろうが、若手社員よりも中高年社員に多く見られるように思う。恥ずべき実態である。不機嫌な態度をとってしまう中高年は、社会性に乏しく、幼稚なのである。**ハイモチベーション人材が皆、社会性が高く、成熟した人格の持ち主とは限らない。**既に述べてきたように、人一倍自我が強いタイプも多く、そのような場合には自己中心的な発想をしがちであり、社会性が欠如していることも多い。

完璧主義者の問題点

次に、完璧主義という点について考えてみたい。「完璧主義者」という言葉は、企業の中で使われる場合、悪い意味で使われることの方が多いのではないだろうか。完璧な仕事をすることは、もちろん悪いことではない。当然ながら、そのような人は仕事へのモチベーションはすこぶる高いだろう。人一倍モチベーションが高いがゆえの完璧主義である。しかし、視野が狭い印象や、他者との間で軋轢を生じやすいとの印象が伴うことも多い。なぜなら、完璧主義とはある種の強迫観念であり、行き過ぎれば細部へのこだわりが強過ぎる、偏向的な性質が前面に出てしまうからである。

ハーバード・ビジネス・スクール教授のロバート・S・キャプランは、誰でも大なり小なり完璧主義の部分を持っており、それが強迫観念になる時に問題であるとし、「強迫行動は多くの場合、優秀な人材の決定的な欠点になる」と指摘している。また、「完璧主義者は他人にイライラしたり、他人を酷評したりする傾向があり、仕事を任せるのが下手だ」と同トーマス・J・デロングは言う。「彼らは自分ほどそれをうまくやれる人間はいないと、心のどこかで本気で思っている」と言うのだ（『プレジデント』２０１２年２月13日号）。

完璧主義者は時間配分が苦手で、細かな点に必要以上に時間を割くなどの傾向があり、優秀ではあっても向かない仕事も多いとされる。「彼らがマネジャーになったら、部下に多くを要求しすぎてうまくいかないおそれがあることを認識しよう。大がかりで複雑な仕事を任したときも成功しない可能性が高い」と同誌では指摘されている。

このように、大がかりな仕事には向かないため、彼らの潔癖さが活かされる、担当分野が比較的狭いポジションにつけるべきなのだ。完璧主義者たちは、自分がやっていることが間違っていたり、ずれていたりするとはまったく思っていない。誠心誠意、職務に邁進していると思っている。しかし、多くの時間と労力を費やして、本人の納得のいく〝作品〟ができたとしても、他の人にはそのこだわりはまったく響かないことも多い。そればかりか、単に時間が掛かり過ぎだと思われたり、場合によっては、押さえて欲しいポイントがずれているとの判断を下されたりすることすらある。

結局、細部が気になり、それらの点にこだわるあまり、優先順位がつけられなくなることが多い。ビジネス上は時間の制約の中で成果を挙げていかなければならず、当然ながら完璧というものはなく、多くのアウトプットは妥協の産物となる。そうした中で、どこは高品質に仕上げ、どこは必要最低限の線を守るかという濃淡の想定はビジネス上不可欠なものである。

ハイパフォーマーは割り切りができる

「80：20の法則」とも呼ばれている「パレートの法則」というものがある。全体の数値の大部分は、全体を構成するうちの一部の要素が生み出しているという説である。たとえば、

・売上の8割は全顧客の2割が生み出している
・商品の売上の8割は、全商品銘柄のうちの2割で生み出している
・仕事の成果の8割は、費やした時間全体のうちの2割の時間で生み出している

等の事象に適用される。努力の平均水準を上げるのではなく、努力を一点に集中するこ

との重要性を教えてくれる。デキるビジネスマンは多かれ少なかれ、この法則に沿った行動をしている。ハイパフォーマーといわれる人たちの特徴の一つは、明らかに時間の使い方にある。他の多くの人たちと仕事上の時間配分が異なるケースが多い。「パレートの法則」に照らして言うのであれば、最重要の20は完璧に押さえ、あとの80は時間の許す範囲で対応する。要するに、〝割り切り〟ができているのだ。一方、ずれた方向にモチベーションが発揮される「完璧主義者」の場合、100以上の範囲について満遍なく完璧を目指す。その結果、最重要の20に漏れが出るということが起こったりする。

業務範囲が小さい場合には、その中での完璧というものはあり得るかもしれない。しかし、組織上の立場が上がり、業務範囲が広くなればなるほど、完璧を追うことは非現実的となる。一担当者であれば優秀な担当者として成果を挙げることはできるかもしれないが、マネジャーの立場になって以降もその強迫観念を引きずっていては務まらない。本人はなぜ成果が挙がらないのか、なぜ評価されないのか分からず、さらなる完璧を目指して膨大な時間を投入していくことになる。そうした場合、ストレスはどんどん蓄積されていき、労働時間の長さも相俟って、メンタル疾患を発症することにもなりかねない。

こうした性質を持つ人は自分自身を追い込むばかりではない。当然ながら一緒に働く人びとを巻き込んでいく。完璧主義者が上司の立場であったなら、部下の人たちは厳しい環境に置かれることになるだろう。しかし、こうしたケースは決して稀なことではない。一担当者として完璧主義を貫き、一定の成果を挙げ、高く評価されることはある。そのままマネジャーとしての適性を見ずに昇進させる場合には、完璧主義者がマネジャーのポジションに就くことは普通にあり得るのだ。

高いモチベーションが引き起こすコンプライアンスリスク

会社への忠誠心の高さがコンプライアンス問題の温床になることがある。「会社のため」だと自らを正当化し、法令順守違反してしまうような場合だ。会社に対する忠誠心がずれた方向へ向かってしまった場合、不祥事という形で顕在化することもある。コンプライアンス上の問題がいったん起これば、企業全体への破滅的影響が発生することにもなりかねない。

一人のトレーダーが英投資銀行のベアリングス銀行を破綻にまで追い込んでしまったケースは、『マネートレーダー／銀行崩壊』という映画にもなった。イギリス王室とつながりが深く、「女王陛下の銀行」とまで呼ばれた名門投資銀行であったが、シンガポール支店のデリバティブ担当者一人のトレーディングの失敗で、自己資本をはるかに超える損失を出し、破綻した。一時は銀行全体の1割を稼ぎ出すほど優秀なトレーダーが、部下の注文ミスなどを不正処理し、それを隠匿するために架空取引口座での自己売買を繰り返し、かえって損失を拡大させてしまった。最後にはどうにもならなくなり、上司に謝罪の手紙を残して失踪し、フランクフルトの空港で拘束されてシンガポールへ送還され、懲役6年半の実刑判決を受けた。刑務所に収監後に、大腸癌を患っていたことが分かった。

このトレーダーのモチベーションはもちろん格別に高かった。学歴が低いにもかかわらず採用してくれ、しかもシンガポールでの先物取引部門責任者という重要なポジションに抜擢してくれた銀行への恩を感じていたということもあるであろう。また、学閥や家柄に関係なく実力でのし上がれるアジア市場に夢を見出してもいた。出世欲や高給への欲求がさほど強くなければ、不正取引にまで手を染めることなく、傷口が浅いうちに損切りをしていたかもしれない。転職でもして出直そうと考えられれば、彼の人生も変わっていたであろうが、人一倍高いモチベーションがそうはさせなかった。

長時間労働によるモチベーションのアピール

競争心が強く、出世欲の強い「タイプA行動パターン」の人や、ずれた方向へモチベーションが発揮されてしまう「完璧主義者」、また、コンプライアンス問題への波及について見てきたが、日本企業において、ごく一般的に、多く見られるモチベーションが高そうな人の特質としては、とにかく長い時間会社にいる人というのがある。本当にモチベーションが高くてたくさん働いている人もいるであろうし、そうではなく長時間労働をしてしまっている人もいるであろう。

ある企業の管理職の人とモチベーションについて話をしていた時のこと、「口に出さないまでも、部下の人たちのモチベーションが低いなあと思ってしまうことが度々ある」と話してくれた。「そのように見えるということは、何らかの理由があるに違いないのですが、そこまで考えを巡らすことなく、なんかがっかりしてしまって」ということだった。「どのような時に、そのように感じますか?」と聞いてみたところ、「毎日のように上司である自分よりも早く帰られてしまうと、どうしてもそう思ってしまいますね」とのこと。思わず、「それは昭和的価値観ですね」と言ってしまった。

確かに、毎日のように自分よりも遅く出社し早く帰られたら、上司として面白くないことは感情的には理解できる。しかし、見るべき点は労働時間ではない。**「会社に長くいることがいいことである」というのは、完全に昭和的な価値観だ。言い方を変えるなら、工場労働者的価値観ともいえる。**長く働けば働くほど貢献度が上がるような環境では、長時間働ける人は結果として貢献度が高くなる。しかし現在、多くの仕事がもはやそういう状況ではない。同じ仕事を集中度高く仕上げて早く帰る人の方が、ダラダラと仕事をして残業代を稼ぐ人よりも貢献度は高いはずだ。にもかかわらず、「長く会社にいる人が偉い」というずれた価値観が抜けきらない人は未だに多い。部下の立場の人たちと話をしても、「上司よりも早くは帰りづらい」という声を多く聞く。それは、昭和的価値観が抜けきれていない上司が、何らかのプレッシャーをかけるような反応を示すからであろう。

仕事を抱え込みがちで忙しい上司もいるであろうが、そういうケースばかりではない。昭和的価値観が抜けきらず、とにかく会社に長くいることで価値を示そうとするケースもあるだろう。それを明確に意識することなく、何となく遅くまでいるという人も多いに違いない。「一生懸命働いているぞ、しっかり組織に貢献しているぞ」というアピールかもしれないが、そこが昭和的価値観の昭和的たる所以であって、そういう示し方しかできないのはたいへん寂しい。当人が勝手にそうであるのはまだよいが、その人が管理職である場合、周囲に悪影響を及ぼすことは確実である。そのような上司のもとに何年もいると、部下の方も知らず識らずのうちに意味のない長時間労働が身に付いてしまうことになるので注意を要する。

そういう上司に限って、家に帰っても居場所がなかったり、無趣味で仕事以外にすることがなかったりする。プライベートを充実させたい部下に対して、「社会人としての自覚が足りない」などとつい言いたくなるのであろう。本人には、プライベートなどに見向きもせぬ仕事一筋の人生こそが、社会人としてのあるべき姿との思い込みがあるかもしれない。そのような上司こそ、本来定年後の生活を考えて、他にも何らかのコミュニティに参加するなど、居場所を探しておく必要があるはずだが、そうしたことに気づくのはおそらく定年退職後なのであろう。

部下の人たちは、上司に認めて欲しいという承認欲求が総じて高いものだが、上司の側もそれは同じである。部下に認めて欲しいし、尊敬して欲しいのだ。責任の重い立場上、部下以上に承認を求めているといってもよい。部下が上司にどう見られているか心配している以上に、上司は部下にどう見られているか心配しているものである。上司が部下に対して冷たい態度をとる場合の多くは、部下が上司を尊重していない場合、あるいは少なくとも上司がそのように思ってしまっている場合だ。

仕事がデキて、いつも自分よりも早く帰る部下は、上司からすると、上司である自分を尊重していないと映ったりする。そして、デキが悪く、いつも遅くまで残っている部下の方が可愛かったりする。そのような場合、業績評価では仕事がデキる部下を高く付けざるを得ないが、取り組み姿勢の評価など、業績以外の部分でデキの悪い部下に高い評価を付け、最終的にはそちらの方が高い評価を得られるように操作するようなこともあり得るのだ。

残業は恥である

欧米企業では少なからず、「残業は恥である」と考える風潮がある。就業時間を超えて仕事をしなければならないのは、仕事の管理ができていないからであり、ましてや部下に残業させるなど、マネジャーが部下のマネジメントができていない証拠であるという考え方だ。部下に残業をさせるのは無能な管理者であるということになる。

かつてアメリカのコンサルティング会社に勤めていた頃のこと。ニューヨークの本社に出張した。ある件での情報収集のため、与えられたミーティングルームで資料の整理をしていた。夕方の6時頃であったと思う。ようやく一段落してミーティングルームから出た時のこと、広いオフィスのほとんどはすでに照明が落とされ、全体が薄暗く、閑散としていた。唯一、オフィスの壁際に配置されたマネジャーの個室の列だけが煌々と明かりが付いていていた。一般の社員のほとんどはすでに帰宅し、マネジャーたちだけが残業をしていたわけだ。日本ではまず見ない光景である。

日本では、上司が帰るまで部下は帰らないことが一般化しており、上司が帰った後も、若い社員たちは毎日遅くまで残業していることが多かったので、その本社での光景は非常に新鮮に感じられた。それと共に、部下を早く帰して自分たちだけが仕事をしているマネジャーたちが、何かしら格好良くさえ思えた。管理責任のあるマネジャーたちが早く帰り、部下たちが遅くまで残っている状態はやはり健全とはいえないであろう。

日本のサラリーマンは会社が好きだから、仕事が好きだから遅くまで残業をしているわけではない。日米の企業で社員に質問すると、答えは次のようになる。

「この会社をよくするために、いわれたよりよく働く」について、日本は54・3％であるのに対し、米国は74・3％。

「私の価値観はこの会社の価値観とまったく同じだ」については、日本は19・3％、米国は41・5％である。

「いま知っていることを入職時に知っていたら、もう一度この会社を選ぶ」は、日本23・3％、米国69・1％（『日本産業社会の「神話」』日本経済新聞出版社）。

日本企業の場合、全体の8割前後の人たちは、会社の価値観は自分の価値観と合っていないと思っており、現在自分の置かれた状況を知っていたら、この会社に就職はしなかったと思っている。今の会社に就職したことを後悔しているわけである。そんな思いを抱きながらも、転職のハードルの高さから辞められずにいるのだ。この転職の困難さが、こういった回答をする原因の一つになっているとも考えられる。たとえ今の会社が嫌であっても、辞められない。辞められないという思いがあるから、なおさら会社への嫌悪感が増すという悪循環が起こっている可能性はある。

「従業員意識調査」において会社への満足度を問うと、多くの会社で、「おおよそ満足している」を含めれば、肯定的な回答が過半数を占める。しかし、「知人に自社への就職を勧めるか」となると10％くらいに急減し、さらには「自分の子供を自社で働かせたいか」という質問になると、1％や2％とほぼ0に近づく。結局、妥協の中での満足ということなのであろう。「まあこんなものか」と自らを納得させているが、一方では、もっと良い生き方があったのではないかと誰もが思っていることがこうした結果から窺い知れる。

長時間労働が会社全体に与える悪循環

長時間労働については、個人的な価値観の問題を超えて、組織としての価値観にまで至っているケースもある。毎日、メンバーの多くが遅くまで残っている部門が会社を支えている中枢部門であるかのような印象を皆が持つケースである。そういう会社では、部門長同士の競い合いのような状況にもなる。

たとえば、経営会議の場などで、「おたくの部門は暇でいいですな」なんて言われたら面目丸つぶれである。そのような風土がある場合、意味のない残業はなかなかなくならない。会社の利益には貢献しそうにない仕事をどんどん生み出して、皆が疲弊していくという悪循環から逃れることは難しい。

特に、人員削減が検討されているような状況下においては、自部署のメンバーがこぞって定時に帰ったりすれば、暇な部署、人余りの部署ということで、人員削減のターゲットになりかねない。それゆえ、職場ぐるみでサービス残業に精を出すことになる。長時間労働はモチベーションが高いことの証ではなく、それ自体、社員のモチベーションを確実に削ぐ行為となっている点を認識し、経営トップが労働時間に関する正しいメッセージを発する必要がある。

欧米企業の場合、マネジャー以上が残業することはあっても、一般社員まで普通に残業するのは珍しい。日本企業くらいではないだろうか。シンガポールに赴任中、残業をしていると必ず、外国人の上司は、「何をしているの？」と聞いてきた。「このレポートを明日までに仕上げたいと思っている」などと返答をすると、頷いて「Good Luck!」と言って帰っていった。日本企業の場合、ほとんどそういうことはない。不思議なことに、何をしているのかには関心は向かわない。遅くまで働いているということ自体に関心が向かうのだ。結局、貢献ではなく姿勢を重んじていることになる。

休暇のとりづらさも昭和的価値観

有給休暇がとりづらいというのも、長時間労働の問題と通底する、日本企業特有の事情といえる。「休暇をとらずに働き続けることが偉い」という、これもまた昭和的価値観の一つである。多くの仕事が肉体労働ではなく、精神労働化した現代においては、健全な精神状態で働き続けるためには休暇、特にある程度まとまった休暇は必要である。にもかかわらず、上司自身が休みをとらないので、部下もとりづらい。職場で相互牽制しつつ、できるだけ休みをとらない方向へと向かってしまうことになる。

多くの企業において社員が有給休暇を半分も消化しないのはなぜか？　当然の権利を主張しないわけである。評価への影響を心配しているということもあろう。周囲からの目線を重視しているということもあろう。上司が休まずに長時間働いた者を高く評価するという、古い価値観が災いしている可能性は高い。外資系企業の本社の社員などは、12月上旬からクリスマス休暇に入るのはごく普通である。まとまった休みをとらないでいると、自己マネジメントができていないということになるし、マネジャーの立場であればメンバーのマネジメントができていないんじゃないか、とさえ見られる。

日本経済新聞社が実施したビジネスパーソン調査で、「働きやすい会社」の条件として、重視する制度や取り組みを聞いたところ、「非常に重視する」との回答が最も多かったのが「休暇の取りやすさ」（48・3％）であった。「半休や時間単位など年次有給休暇の種類の充実」（35・1％）や、「特別有給休暇の充実」（32・3％）も高い数値となっており、休暇の実態や制度に対する関心が高かった。ちなみに2位は「労働時間の適正さ」（46・

9％）である。一年中忙しくて物理的にどうしても休暇がとれないというケースは多くはないであろう。休暇がとりづらいという場合のその理由に問題が潜んでいるのである。

離職の原因はモチベーションの低下ではない

普段あまり言われることのない、モチベーションが逆に災いするケースをいくつか見てきたが、一方、モチベーションが下がると本当にそれほど問題なのかについても最後に考えてみたい。モチベーションが低くていいはずはない。高いに越したことはない。しかし、モチベーションはどうしても上がり下がりするものである。下がった時に、そこまで目くじらを立てるほど問題なのであろうか。

野村総合研究所が2005年に発表した「仕事に対するモチベーションに関する調査」によると、現在の仕事に対して「よく無気力を感じる」が16・1％、「ときどき無気力を感じる」が58・9％だった。6割ほどが「ときどき無気力を感じる」という回答だが、これは果たして問題なのか。やる気は常に上がり下がりするものだし、仕事上壁にぶつかることはよくあることなので、「ときどき無気力を感じる」というのは、まあ普通の状態ではないだろうか。「無気力を感じることはない」という人の方が、精神的に異常性が感じられはしないだろうか。仮にこれを問題視するとし、会社が何かをして、「無気力を感じることのない」状態をつくることは可能なのだろうか。

調査の中ではまた、「約半数が潜在的な転職志願」と報じている。今後の就業意向については、「定年まで勤めたい」は17・9％に過ぎず、「あと10年以上は勤めたい」（9・9％）と合わせても長期定着意向は3割にも達していない。逆に、「機会があればすぐにでも転職や独立をしたい」（18・7％）、「3年以内に転職や独立をしたい」（13・0％）、「あと5年ぐらい勤めたい」（12・3％）を合計した潜在的な転職志願者は44・0％となっている。こうした結果は果たしてモチベーションが理由なのだろうか。「モチベーションが下がると離職につながる」ということは多く言われるが、果たしてそうであろうか。実際のところ、離職は他に原因がある。その原因によってモチベーションが下がっているに過ぎない。**上司との折り合いが悪いとか、正当に評価されていないとか、将来への展望が持てないとか、それらの結果、モチベーションも下がっているわけである。モチベーションが離職の直接の原因ではない。**

常に成果を出す人はモチベーションに左右されない

また、「モチベーションが低いとミスが起こる」とも言われるが、果たしてそうだろうか。かつての職場で、モチベーションが低くても、速くて正確な仕事をする人がいた。コンサルティング会社では、データ分析や資料作成などの補助をするプロダクションスタッフという担当がいる。その人は30代後半の女性であったが、常に不機嫌さを漂わせており、やる気の欠けらも感じることはなかった。最初の頃は「この人は大丈夫だろうか？」と思っていたが、仕事は驚くほど速く、そして正確だった。なぜ仕事が速いかといえば、毎日早く帰りたいからだった。仕事へのモチベーションは低いものの、仕事の技術は十分に持っていた。

ハイパフォーマーインタビューなどで、「やる気が出ない時、たとえばスランプに陥った時など、どうしますか？」と聞いてみることはよくある。「いつものとおり、やるべきことを淡々とやる」といった返答が最も多い。人によっては、「なるべく多くの人に会うようにしている」など、自分なりのスランプ脱出法を実践する人もいる。しかし、「やる気が出るように、やる気が出ない原因を突き止め、解消するよう頑張る」といったような、あえてやる気のなさと向き合うようなことをするという意見はほとんど聞かない。ましてや、何らかの会社の施策によって、やる気が復活したというような話も聞くことはない。

ちなみに、**ハイパフォーマーの多くに共通する特質を挙げるのであれば、人一倍の成果志向でもなく、競争心でもない。柔軟性である。**柔軟な印象を受ける人がハイパフォーマーでは圧倒的に多い。こういう人は折れづらく、スランプからの脱出も早いのであろう。また、仕事のスキルレベルが高いので、モチベーションに頼らなくてもいいということもあるであろう。淡々といつもどおりのことをやっていれば十分なのである。時々巡ってくるサイクル的な気落ちなどは問題にしない。モチベーションが下がっても特に悲観しないのだ。

第四章　高いモチベーションが引き起こすメンタル問題

仕事依存症と仕事熱心は紙一重

「24時間戦えますか?」というキャッチフレーズはかつて流行語にもなった。第一三共へルスケア(旧・三共)の栄養ドリンク「リゲイン」のテレビCMで使われたフレーズである。時任三郎扮する〝ジャパニーズ・ビジネスマン〟が、猛烈なエネルギーを発しながら世界中を飛び回るというイメージのCMであった。現代であれば「24時間戦えますか?」というフレーズ自体、問題視されそうだが、バブル真っ只中の熱狂の時代にはうまくマッチしており、格好良くさえ感じられたものである。

前章において、モチベーションが高過ぎる場合、継続的な長時間労働を招くリスクがあることを述べた。長時間労働が常態となると、仕事中毒にもなりかねない。特に、会社組織の中では集団意思ともいえる「同調圧力」が強く働くため、自らのめり込んでいき、そこから抜け出せなくなるということが起こりやすい。「同調圧力」とは、職場などある特定のピア(同僚、仲間)グループにおいて意思決定を行う際に、少数意見を有する者に対して暗黙のうちに強制的に多数意見に合わせるよう促す空気を指す。そうした状態が続けば、メンタル上の問題にもつながっていく。うつ病を発症する場合、長時間労働がその背景にあることはおおよそ共通している。

仕事依存症（ワーカホリック）は、仕事に打ち込むあまり、家庭生活や自身の健康などを犠牲とするような状態を指す。その結果として、家庭崩壊や過労死といった事態を招くこともある。仕事依存症は、アルコール依存症やギャンブル依存症と同様の病気である。欧米では、古くから「人はまず家庭にあり、その対価を得るために仕事がある」という個人主義の価値観があり、また日曜日を安息日とする宗教的な背景もあり、仕事に埋没する姿勢を「ワーカホリック（work と alcoholic の合成語）」と表現して忌避した。

一方、日本では、高度経済成長期に家庭を顧みず会社のために毎日遅くまで仕事をし、休日も取引先との「接待ゴルフ」などに費やすワーカホリックが増加した。こうした状況は、米国などから〝エコノミックアニマル〟と皮肉られ、いったんは時短の動きが見られたものの、その後、業績低迷によるリストラ等の影響で人員数が減少し、再び長時間労働の方向へと向かった。その一部は残業代が支払われない「サービス残業」や「名ばかり管理職」として社会問題化した。

同じ長時間労働でも、高度成長期からバブル期にかけての熱狂の中での長時間労働と、バブル崩壊以降の不況下での長時間労働とでは疲労の質が異なるように思われる。「リゲイン」のCMもバブル崩壊後は世相を反映し、佐藤浩市扮するサラリーマンがぼーっと歩いていて電柱や銅像や壁にぶつかったり、下車駅で降り損ねたり、ゴミの代わりにカバンを捨ててしまったりするなどの内容に変わり、キャッチフレーズも「その疲れに、リゲインを」となった。

長時間労働を続けている本人は「仕事熱心で何が悪い」と思っていることも多いようだ。しかし、この考え方自体が仕事依存症の特徴である。たとえば、「家に仕事を持ち帰る、休日も仕事のことを考える、仕事以外にすることがない、仕事を他の人には任せることができない、仕事以外の話をほとんどしない」など、一見、仕事へのモチベーションがすこぶる高い人のようではあるが、これらの傾向が見られる場合、仕事依存症の疑いがあるという。結局、仕事熱心と仕事依存症とは紙一重なのだ。

仕事依存症の人が生産性を下げる

仕事依存症になると、仕事をしていないとイライラするようになり、休日でものんびりと過ごすことができなくなる。そのため、休日出勤をしたり、家に仕事を持ち帰ったりする。つまり、仕事をすることで不安感を払拭し、安心感を得ているわけだ。しかし、いつも仕事をしている状態なので、心身が休まることがない。その結果、身体に変調を来したり、うつ病を発症したりすることもある。さらに悪い場合には過労死を招くことにもなりかねない。

また、仕事に没頭するあまり、当然ながら家庭生活は疎《おろそ》かになる。夫婦の会話がなくなるので、夫婦間に不和が起きる。子供との時間も持てないため、母子家庭のような家庭環境になってしまったりする。仕事にのめり込む仕事依存症は、アルコール依存症とは違い、周囲の人に迷惑はかからないと思われがちだが、家族をはじめ確実に周囲に迷惑が及んでいる。職場での態度や口癖が家庭でも出るという人も多い。一種の職業病だが、仕事依存症の人などは、家族に対しても「結論から言え、結論から」と、まるで部下に対する態度と同じになってしまう人までいるという。

職場の同僚にも迷惑は及ぶ。寸暇を惜しんで自己犠牲的に働いてくれる人がいると助かるだろうなと思うかもしれない。しかし、そのような人が近くにいた経験のある人ならば分かるであろうが、周囲の人たちも同じように気が休まらなくなる。仕事依存症の人は、常にイライラしているので、周囲に不機嫌をまき散らしていることが多い。それは職場の風土を乱し、生産性を低下させる。それればかりか、細かな点にこだわり過ぎたり、他者の仕事が気に入らず、逐一自分で直さないと気が済まなかったり、他者の仕事スピードに不満を抱いたりする。こういう人がリーダーの立場であったら、職場はさぞ居心地の悪い場となるに違いない。リーダー自らがいつも深夜まで仕事をし、休日出勤もする。常に仕事の話しかしない。息をするのも苦しい職場ができはしないだろうか。

中には、身体を壊して入院したことがきっかけで、ようやく我に返ったという人もいる。後から考えてみれば、どれほど異常な状況であったかが分かる。しかし、仕事からいったん完全に離れてみないとそれは見えてこないのだ。そのままの状態を続けていたら、家庭崩壊、うつ病、最悪の場合は過労死を招きかねなかったわけだから、身体を壊して入院したことは不幸中の幸いといえるのかもしれない。

うつの問題との関連性でいえば、残業時間が、100時間を超えると女性は危ない。120時間を超えると男性でも危なくなるという。時間外労働が増えると、精神健康度が低下し、睡眠時間が減少すると抑うつ度が強くなる。総務省の社会生活基本調査（2006年）によると、睡眠時間は最近20年間で最も短い。特に40代で短い結果となっている。

組織全体が洗脳された集団的仕事依存症になる時

私が20代の頃に勤めていた国内のある経営コンサルティング会社では、「自分の給料の3・5倍を稼げ！」というのが標語であった。なぜなら、人件費として給料以外に社会保険料なども掛かっており、さらにはオフィス賃料や設備、備品、交通費、事務スタッフの人件費等々、すべての費用を頭割りするとだいたいそれくらいになるということであった。よって、自分の給料の3・5倍を稼いでいないコンサルタントは会社に貢献していない、お荷物社員ということになっていた。給料は完全な年俸制で、稼いだ額の一定割合が次の年の年俸となった。

毎月1回の全体ミーティングでは、労働時間をヨコ軸に、個人の売り上げをタテ軸にしたマトリックス表が全員に配られた。そのマトリックス表の中にはコンサルタント全員の個人名がプロットされていた。グラフの右上にプロットされる人は、たくさん働いて、たくさん稼いだ人であり、賞賛の対象となる。グラフの左下の人たちはたいへん肩身の狭い思いをするという構図だ。稼ぎは少なくても、たくさん働いていればまだ許されるが、稼いでいないにも関わらず、労働時間も少ないというのはいったい何事か、と矛先が向かった。とはいっても、労働時間が月３００時間を下回るような人はほとんどいなかったのだが。

ある時、深夜の11時頃に仕事を切り上げて帰ろうとしたところ、上司に「おっ、今日は早いな、デートか？」と言われたことがあった。現在であれば確実にパワーハラスメント（パワハラ）となるであろうが、その頃はそんな言葉すらなかった。その上司は社内でも出世頭であり、若くして部長職にあった。本人のモチベーションはすこぶる高く、毎日深夜まで残業をし、週末も当然のように出社していた。部下の多くも自然に同じような労働スタイルが身に付いてしまっていた。集団的仕事依存症の状態であったことは間違いない。組織のトップがそうである場合、同調圧力は強力にかかるため、必然の成り行きでそうなってしまうのだ。

その上司も悪気があったわけではないのであろう。自分自身も入社以来、そのような仕事の仕方を続けてきて、社内的には十分な成功を収めてきた。それゆえ、それが悪いことだとは毛頭思っていなかったのであろうし、そうすることが、自分を取り立ててくれた会社のためであり、また部下一人ひとりのためでもあると信じていたのであろう。

「20代で死ぬほど働いて実力をつけ、やがては独立」という洗脳が組織全体でなされていた。そうした空気の中、家庭を壊してしまった人もいた。家庭に振り向ける時間が皆無である状況を続けていれば、家庭か仕事のいずれかが破綻するのは当然であろう。「職場うつ」ということもまだ声高に言われていない頃だったので表面化はしなかったが、体調不良を訴えて休職する人や離職する人は多かったので、うつ病を発症していた可能性は高い。

パワハラ上司はモチベーションが高い人

仕事依存症と併せて、モチベーションの高さが災いしていると考えられるのが、管理職によるパワハラの問題である。10年ほど前から、職場におけるパワハラの問題はクローズアップされているが、昨今では学校でのいじめの問題同様、職場でのいじめの問題は増加傾向にある。都道府県労働局に寄せられる「いじめ・嫌がらせ」に関する相談は、2002年度には約6600件であったものが、2010年度には約3万9400件と急増している。

モチベーションとの関係でいえば、パワハラをする上司の多くは、モチベーションは高いと考えられる。モチベーションが高いがゆえに、部下の士気が低かったり、部下が思いどおりに動かなかったりした時に我慢がならず、ついつい厳しい態度をとってしまうのだ。そうした言動の一部が、部下にとってはパワハラと映ることになる。

パワハラの問題がメディアで取り上げられるようになった2000年代前半の調査です

でに、「パワハラを受けた経験がある」との回答は41・0%を占めていた（『日経ビジネス』2003年9月）。「なぜ指導や激励ではなくパワハラだと思ったか」との問いには、「仕事上の問題ではなく、上司と性格が合わないことが責められる原因になったと思う」が最多で50・7%であった。上司の側としては激励のつもりであったとしても、被害者側の認識としてはこのようになるのだ。上司の側に、「パワハラに類する言動をしたことがあるか」と尋ねたところ、20・8%が「ある」と答えた。その言動をとった理由としては、「いくらアドバイスをしても自分の言うことに従わなかった」が最多で、75・7%に達した。モチベーションの高い上司が、思うようにならない部下の行動に苛立ちを募らせた結果、パワハラに至るケースが多いということが分かる。

企業に対して、社員の「ストレス診断」を実施すると、他部署に比べてストレス度合いが図抜けて高い部署が判明することがある。同様に、「従業員意識調査」などをしても、メンバーの離職可能性が図抜けて高い部署というのが出てくることもある。同じ職種の中でも、他職場に比べて社員のストレス度合いが極端に高い、あるいは満足度が極端に低いという場合、その職場のリーダーが原因であることが多い。しかし、当のリーダーはまったくそのことに気づいていないことも多い。気づいているなら、そのような状況が放置されることはないであろう。自分自身を客観的に見ることのできないリーダーの場合、そのような事態を招きやすい。職場が良い状態にないことが薄々分かっている場合でも、その原因が自分にあるとはまったく思っていないのだ。それゆえ、そうした状態は放置され、最悪の場合にはメンバーの離職や、メンタル上の問題が起こることになる。

パワハラと熱血指導は紙一重

パワハラとは、「上司や先輩またはその意思を体現した者が、労働者に対して嫌がらせ的行為をすること」であるが、問題は「嫌がらせ的行為」の線引きである。

厚生労働省におけるワーキング・グループが発表した定義によると以下のような行為がパワハラにあたるとされている。

（1）暴行・傷害（身体的な攻撃）
（2）脅迫・名誉毀損・侮辱・ひどい暴言（精神的な攻撃）
（3）隔離・仲間外し・無視（人間関係からの切り離し）
（4）業務上明らかに不要なことや遂行不可能なことの強制、仕事の妨害（過大な要求）

（5）業務上の合理性なく、能力や経験とかけ離れた程度の低い仕事を命じることや仕事を与えないこと（過小な要求）
（6）私的なことに過度に立ち入ること（個の侵害）
（『職場のいじめ・嫌がらせ問題に関する円卓会議ワーキング・グループ報告』２０１２年1月30日）

これだけを見るとあまりピンと来ないかもしれない。自分には無縁だと思う人も多いかもしれない。しかし、より具体的な言動として見ると、おそらく他人事とは思えなくなるであろう。労働問題を専門とする弁護士の千葉博氏は、ここまでいくと、もう「アウト」ということで、パワハラと見なされかねない上司の言動例を挙げている。

①「こんなのは誰だってできることだぞ」と、大勢が見ている前で言う
②飲み会の場所で、「若手は先に帰ってはダメだ」と言う
③仕事ができない部下に、「嫌なら辞めちまえ！」と言う
④「たるんでいる」と、机を叩く、物を投げつける
⑤「終わるまで帰るな！」と、残業を強要する

（「パワハラと熱血指導は紙一重」『日経ビジネス』２０１０年11月）

意外に思われる中高年社員は多いかもしれない。かつては日常的になされた言動ばかりだからだ。しかし、「昔は当たり前だった」ということ自体、言葉に出してしまえば、やはり「アウト」になるのであろう。「俺がおまえくらいの時には……」などと言いつつ長時間労働をさせるのはパワハラとなる可能性が高い。

上司自身には「嫌がらせ」のつもりがまったくないことも多いようだ。しかし、その自覚のなさが問題なのだ。「気合が足りない」と叱咤激励のつもりで多少強い口調で叱責すれば、それはパワハラとされることもある。「パワハラと熱血指導は紙一重」なのだ。発言の中身も然《さ》ることながら、言い方などの行為の態様、両者の関係、行為の場所なども重要な判断基準になる点に注意を要する。

マイナス成長下の現状への不満がパワハラを引き起こす

最近は「職場のうつ」が業種を問わず多発しており、管理職には「メンタルヘルス研修」などの受講が義務付けられている企業も多い。高度成長期やバブル期に20代、30代を過ごした人は、「その頃はもっと忙しかった。それに比べたら今の忙しさなど大したことはない。それでうつになるなど軟弱過ぎる」という感慨を持つかもしれない。確かに、忙しさだけを比較したらそうかもしれない。しかし、それらを取り巻く環境はだいぶ異なっていることを忘れてはならない。

かつては20代、30代の若手、中堅の社員はふんだんにいた。忙しい中でも役割分担ができていた。組織に活力もあった。また何よりも、先が見えていた。雇用について不安を抱いていたわけでもなく、キャリアにも迷いなどなかった。やるべきことをやってさえいれば、年齢相応の出世をしながら定年まで働き続けられると誰もが思えた。それだけの精神的な安定のもとに仕事をするのとそうでないのとでは、精神的な疲労感はまるで違ってくる。

現在はどうかといえば、新卒採用を絞っているために若手層が手薄で、30代になっても新入社員がするような雑用をしなければならないことも多い。非正規社員比率が増加しているために、残業は正社員で賄わなければならない状況は普通にある。リストラによる人員削減のため、働き盛りの人員数不足に陥っている企業も多い。また何よりも、先のキャリアが見えず、雇用不安を抱えながら、沈滞した組織の中で長時間労働を強いられる精神的負荷は計り知れないであろう。

管理職の報酬面の不満もパワハラを引き起こす要因になっている可能性はある。「課長になると一時的に給料は下がる」とよく言われるが、残業体質の会社においては特に、管理職になることで、それまで付いていた残業代が支払われなくなり、役職手当が付いたとしても、差し引きしてマイナスとなることがある。その場合、自分の部下の方が給料は高いという逆転現象が一時的に起こることもある。

それでもかつては昇給額もボーナスも増加したので、逆転現象は間もなく解消された。しかし、マイナス成長下の昨今、昇給もほとんどなく、ボーナスも少額となると、逆転現象は一時的なものでなく、数年継続される。そんな状況下、部下が初歩的なミスを繰り返したりすれば、「なんでこいつが俺よりたくさんもらっているんだ」と爆発したくもなるであろう。こうした事情が、パワハラの温床になっている可能性も否定できない。

頑張ることでなんとかなってきた人はうつになりやすい

ここまで、モチベーションの高さが仕事依存症につながり、また、上司の立場にある人によるパワハラを誘発している可能性について述べた。次に、それらの結果として招く可能性のある、最悪の事態としての「職場のうつ」、さらには「過労死・過労自殺」について見てみたい。

モチベーションの高い人は欲求水準も高いため、自分自身を追い込む傾向がある。多くのストレスを抱え込み、結果としてメンタル面が行き詰まることにもなりかねない。同様に、モチベーションの高い上司は、部下をも追い込む傾向がある。欲求水準の高さは当然部下にも向かうからだ。さらに、企業におけるモチベーションマネジメントの取り組み自体が、メンタルヘルスを阻害している可能性が考えられる。

モチベーション高く働くことは一般に望ましいことであるが、行き過ぎてしまえば、取り返しの付かない事態を生み出しかねないリスクをはらんでいる。特に、仕事の場においては、知らず識らずのうちにのめり込んでいき、そこから抜け出せなくなるような力が働いていることも忘れてはならない。こうしたことから、無配慮なモチベーション礼賛論は問題があるといわざるを得ない。

うつ病や躁うつ病で医療機関にかかっている患者数は100万人を超える。医療機関にかかっていない人はその何倍にものぼるといわれている。さらには、多少その傾向が見え隠れする、いわゆる〝プチうつ〟の人まで含めれば、もう日本全国を覆っているといってもよいのではないだろうか。

まじめで責任感が強い人はうつになりやすい。ということは、日本人はまじめで責任感の強い人が多いので、もともとうつ傾向にあるということになる。特に、「頑張り屋」であり、「頑張ればなんとかなる」という意識の強い人はうつになりやすい典型といえる。これまで頑張りによってなんとかなってきた優秀な人は特に危ない。異論はあっても上司の指示に従う、なんとか期待に応えようとプライベートも犠牲にして頑張る、そして燃え尽きるのだ。

また、うつ病は年齢的な要因も大いにあり、誰しも無縁ではない。心理学者のレビンソンによると、正常な中年の80％が、漠然とした人生の幻滅感や停滞感、圧迫感、焦燥感を主な兆候とする「中年期の危機」を体験するという。

「日経ビジネスオンライン」にあるケースが紹介されていた。40代男性で仕事も家庭も順調であったにもかかわらず、管理職としての栄転後にうつ病を発症した例だ。これまで順調であっただけに、年齢的な体調の変化を受け入れることができず、目をそむけ続けてきたことが災いしたという。体育会系で頑張り屋の当人の考えがよく表われている言葉がある。「欠勤、遅刻、早退などしたことがない。20年間ずっとだ。会社を休むなんて考えられないし、欠勤なんて自分に負けることだと思う。部下や上司との飲み会やランチもすべて付き合う。管理職なのだから人間関係は大切にしたい。自分の愚痴は言わない。年上の人間として弱音など吐けないと思っている」「管理職なのだから、規則正しく、強く、頼りがいのある人間であらねばならない」。まじめで責任感が強いがゆえ発症したケースだが、日本人の中高年には比較的多いタイプではないだろうか。

追い詰められるミドルマネジャー

仕事はデキる人のところへ集まる傾向がある。責任感が強ければ無理をしてでも仕事を受けてしまう。リストラによる人員削減の折、過重労働の状況の中で、さらに他の人の分の仕事まで引き受けていてはいつか破綻を来してしまうであろう。多忙を極めて睡眠時間も切り詰めているような人はたいてい仕事を抱え込んでしまっている。

日本能率協会が実施した2005年度「当面する企業経営課題に関する調査」によると、「7割近くの企業がミドルマネジャー層が期待される役割を満たしていない」と答えている。「役割の達成度」において、「かなり期待を上回っている」と「やや期待を上回っている」の合計は約3割に過ぎず、大多数の会社では期待を下回っているという結果となっている。ミドルマネジャーたちはやるべき業務にまったく手が回っていないという状況を顕著に示している。

まじめで責任感の強い人は、期待に応えられていないと自責の念に駆られる。手の回らなくなった業務の穴を埋めようと、死に物狂いで働く。そういう人ほど、他人に仕事を振ることができず、抱え込んでしまう。そうこうしているうちに、仕事を振る余裕すらなくなっていく、そしてどんどん仕事が膨らんでいく、という悪循環から抜け出せなくなり、ある時破綻する。バブル世代は特に、上の世代がリストラの対象となりスリム化しているケースも多く、そうした企業では急に管理職を命ぜられ、担当業務の引き継ぎすらできずに丸々抱えたまま管理職としての仕事もするような状況も起こっている。

たとえば、「献身的なナンバー2がうつになる」という状況があちこちで見られる。組織のナンバー2としての期待も感じる。上と下との板挟みになっている上司の苦しさも分かる。そんなまじめさから気がつけば自分が板挟みになっている。職場の空気が悪くなったり、離職者が出たりすれば、その責任も感じ、なんとか打開しようと一人頑張る。そんなまじめで責任感の強い人は非常に危険である。

同じような状況が１９８０年代の米国でもあったが、米国企業の対応は早かった。ＥＡ

P（Employee Assistance Program）と呼ばれる専門機関を設け、対応した。欠勤による費用損失を食い止めるというリスクマネジメントによってなされたことである。一方、日本企業の対応は遅かった。うつ対策で何をやったかといえば、やはり管理職への研修である。これは効果があったのか、逆効果であったのか、微妙なところである。会社に聞けば「効果あり」と答えるであろうし、受講者当人に聞けば「むしろ逆効果」と答える人が多いように思われる。管理職、特にミドルマネジャーへの会社からの要請は質・量共に急増している。そんな中、社員のメンタルケアもミドルマネジャーの責任とばかりに研修を受講させることは、物理的負荷はともかく、精神的負荷を増大させたことは間違いないであろう。

近年、管理職のうつや過労死・過労自殺は増加傾向にある。雇用形態が多様化してきている中でマネジメントの複雑さは増す一方であり、それに加えて、成果主義やコンプライアンス、ダイバーシティーなどの取り組み強化がなされてきた。自らのキャリアや雇用に対する不安などもあり、部下のメンタルヘルスどころか、自らのメンタルが限界に来ているという人も少なくない。

完璧主義者の上司が部下をうつに追い込む

第三章において、完璧主義者の問題点について述べたが、無責任に部下にプレッシャーをかける上司も問題だが、責任感が強すぎる完璧主義者の上司もまた問題である。まじめで几帳面な人は、「ねばならない」で自分を管理しているので、上司の立場になると、それを部下にも求めるようになる。自己満足の延長ともいえる。自分も追い込み、同時に部下も追い込む。しかも自分基準での「こうでなければならない」は、部下には意味不明なことも多い。それゆえ完璧主義者が上司の立場になると、その部下は辛い。メンタル面で追い詰められることも多い。知らず識らずのうちにパワハラをしているケースの典型例の一つがこうしたケースである。

完璧主義者の特徴として、自分基準に合わせて他者を変えようとする点がある。視野が狭いことも手伝い、自分のやり方のみが正しいと思い込んでしまうのだ。このようなはた迷惑な完璧主義者、特に自分で自分のことを完璧主義者だと言うような人は、自信家でもあり、他人の意見には耳を貸さない傾向にある。

自信家ということでは、強烈な成功体験を持っている人などはどうしてもそのようになりやすい。そういう人のもとで働くのもやはり辛いものがある。たとえば、成功した創業経営者などは社員に同じ努力を求める傾向があるといわれる。自らに強烈な成功体験があるため、社員に対しても「頑張れば夢は叶う」とばかりに激励する。おそらく普通の人の苦しみは理解できないのだろう。ひたすら正論で押し、「君ならできる、俺だってやり遂げたんだ」と。これでは社員を追い込んでしまう。熱に押されていったんは必死で食らい付いていくが、やがては力尽き、「あなたのようなスーパーマンにはなれない」と折れてしまう。

早めに離脱できればまだいいが、同調圧力によって取り囲まれてしまうこともある。「人間が状況を支配できるのは一瞬のみ。残りは状況に人間が支配される」とニコロ・マキャベリが言うとおりの状況である。

日本企業ではこの圧力が特に強く働く。これにより逃げられなくなり、極限まで働いてしまい、過労死に至り裁判になるケースもある。普通、個人の意思としては、プライベートを犠牲にし、心身を病むまで長時間労働を続けることはあり得ない。しかし、組織の中では、このような独特な集団意思が働き、無意識のうちにそれを当然と思い込んでしまうことがあるのだ。

成果主義よりも所属欲の低下が問題

成果主義により、成果を厳しく求められることで精神的に追い詰められるようになったという解釈も時々目にするが、現場感覚としては、それよりも**会社が居場所たり得なくなったことの方が、精神的にははるかに大きな影響を及ぼしているように思われる。**

様々な企業で管理職の人たちに話を聞いてみると、成果主義に関しては、必ずしも設計どおりに運用されていないということもあるが、制度が原因でたいへんになったことはそれほどないようだ。それよりも、リストラによって人員数が減少して仕事がたいへんになったということをはるかに多く聞く。それと共に、自分もいつまでこの会社に居られるのか、という不安がたいへん重たくのしかかっている様子が窺われる。結局、**居場所を失い、雇用不安を抱えながら長時間働き続けることで、精神的に追い詰められていく構図が浮かび上がる。**

独立行政法人労働政策研究・研修機構が2006年5月に発表した「働き方の現状と意識に関するアンケート調査結果」の中で、ストレスを「強く感じる」と回答した項目を見ると、各年齢とも、「会社の将来性に対する不安」、「自分の雇用の安定性に対する不安」という生活の安定性に関わる2項目と、「仕事量が多い」、「働く時間が長い」という労働の負荷に関わる2項目の4項目が20％前後となり、他項目に比べ際立って高い割合となっている。「仕事の成果が過度に重視される」については10％前後とそれほど高い結果にはなっていない。

かつて職場は、喜びも苦しみも分かち合える仲間のいる共同体であった。それがいつの間にか共同体的要素は根絶し、緊張状態の中で競争を強いられる場へと変貌した。最も強い根源的欲求とされる「所属欲」が満たされなくなってきたことが、サラリーマンを精神的に追い込む結果を招いているのだ。

所属欲が最も強い欲求であることは、人間が早産で生まれることに起因しているのだという。人間の子供は、他の動物と比べて、ものすごく早産で生まれてくる。これは、人間は骨盤が狭いので、他の動物のように長くお腹の中にいて大きくなると、狭い骨盤を通ることができないためらしい。他の動物のように20ヶ月もお腹の中にいられない。馬の子供は生まれてすぐに立つ。犬の子供も1、2週間もすれば走り回る。人間の子供は1日放置されたら死ぬ。そうであるから、親が完全に保護してやらないと生きていけない。赤ちゃんは、人に保護されないと生きていけないんだと感じ、なんとかして他の人とつながりを持っておかないとたいへんだと思うようになる。

その結果、生まれながらにして持っている生存の本能より、人とつながりを持つ本能、〝所属の本能〟の方が強くなっている。人間だけが自殺をし、他の動物は自殺しないが、それは**人間は生存の本能より、所属の本能の方が強い**からであるのだという。だから**所属することに失敗して、社会に受け入れてもらえなくなると死を選ぶ。**それくらい**人間は、他の人とつながりを持つという本能が強くなってしまった。**よって、職場のコミュニティ性が薄れ居場所たり得なくなったことは、精神的には極めて大きなことであり、職場がサラリーマンを自殺に向かわせる要因となっている所以である。

若年層に多い「新型うつ」

かつて、うつは中高年に多い病気とされてきたが、最近は20代、30代と低年齢化している。日本生産性本部が２００２年から隔年で実施している企業調査によると、「心の病が最も多い年齢層」として30代が６割前後と、３回連続で圧倒的に多い結果となった。この世代に見られるのは、従来のうつとは違った「新型うつ」というものだ。「不安や焦燥感が強い」、「仕事中に症状が悪化しやすい」という特徴がある。落ち込みや倦怠感が強く、特に朝に症状が悪化しやすい従来型うつとは異なる。「新型うつ」になりやすい人は自分に甘く、他人に厳しい。まじめで責任感が強く、自責の念を抱きがちな従来型うつになりやすい人とは異なる。

「仕事内容に納得がいかない」、「上司が悪い、同僚が悪い」というように他罰的である。職場では調子が悪くても、趣味の世界では別人のように元気になったりもする。普通に見れば、単なるわがままな怠け者としか映らないかもしれない。モチベーションが低く、やる気のない困ったやつというふうに思えるかもしれない。ついつい、モチベーションの高い上司としては、叱咤激励してやる気を起こさせようとしてしまうであろう。それがさらにうつ病の深刻さを増すことになる。ただし、従来型うつの患者に対しては「頑張れ」と励ますことはタブーとされているが、新型うつの場合、頃合いを見計らっての積極的な介入は有効とされるという。このあたりのうつの種類による対応方法の違いもまた、管理職の精神的負荷を増す一つの要因となっている。

30代の独身者の増加も新型うつの背景にあると見る向きもある。独身者の場合、家族との時間をつくるために仕事をセーブする必要を感じないため、目一杯仕事をしてしまう傾向がある。特に30代は仕事上最も負荷のかかる立場であることが多い。家に帰っても一人なので、食生活もすさみがちとなり、掃除などもつい後回しになるので、不衛生な環境での不規則な生活が続くことも多い。インターネットやテレビの深夜番組で気晴らしをすれば、自ずと睡眠時間は短くなる。もちろん人によるが、こうした30代独身者の不規則な生活状況が、新型うつの温床となっている可能性はある。

また、女性総合職にうつが多いということも聞く。一見華々しく活躍しているようでも、内実は辛い現実と向き合っている場合が多いようだ。一般職の女性の同僚からはやっかみの目で見られ、男性の部下からは反抗的な態度をとられ、上司にも扱いづらそうにされ、孤立無援となることも珍しくはない。女性総合職で相応のポジションに就いている人などは皆努力家であり、責任感が人一倍強いため、気をつけなければメンタル上の問題を引き起こしかねない。

グローバル化やポストM&Aも要注意

企業のグローバル化も、社員のメンタル面では大きな負荷となっている可能性が高い。国内市場が成熟している産業において企業のグローバル化は必然の方向なのであろう。しかし、全社員にグローバル化への対応を求めることは本当に必要なのだろうか。一種のショック療法として、「英語公用語化」を決める企業も出てきている。企業としての覚悟を示すという意味は分かるが、社員のメンタル面からするとどうであろうか。ただでさえ、職場の人間関係や過重労働などでメンタル疾患が多く起こりがちな中で、仕事上、母国語を使用してはいけないという場合の精神的負荷は如何ほどであろうか。

また、M&A後の企業において社員のうつが多発していると聞く。他企業との合併・統合という大きな環境変化にさらされるわけであり、多くの精神的負荷がかかっているであろうことは分かる。加えて、合併に伴う突発的な業務も発生し、同時並行でリストラを行うケースも多い。合併企業の中では、職務遂行上のルールなど至るところでダブルスタンダードが生まれることになる。また、合併した企業との主導権争いなども当然起こる。なんとか融和しようとしても、風土の違いや仕事の進め方の違い、ひいては使っている業務用語の違いなど様々な違いが埋めきれず、数年経っても融和しきれない状況は多い。M&Aを何度も繰り返し、同時にグローバル化を強く打ち出しているような企業において、社員のメンタル面が問題になっていることは当然といえば当然である。

ともすると、こうした企業は、社員が疲弊しており元気が足りないので、モチベーション施策を打とうとしたりする。しかしこれは、実情を踏まえていない極めて危険な方向であることは既に述べたとおりである。まずなすべきは働く環境の安定化である。グローバル化の推進やM&Aによって相当大きな変化が起こったわけであり、社員は皆多くのストレスを抱え込み、働きづらい環境に置かれている。そうした環境を前提に考えるならば、まず何よりも精神的負荷を低減させる方向へ進めていくことが肝要である。

安易に他者のモチベーションを高めようとしてはいけない

成果を挙げるために必要な知識やスキルを修得させることは、企業の責任と言えるであろう。しかし、モチベーション、やる気といった、個人の内面にまで企業は踏み込むべきなのであろうか。まさしくメンタルの面に踏み込むことになるので、メンタルヘルス上問題がないとは言い切れないであろう。先に示したデータのとおり、「うつ」という言葉の新聞紙上への登場頻度と、「モチベーション」という言葉の登場頻度とが整合している点が気になるところである。

たとえば、「うつ」から職場復帰した人に、掛けてはいけないとされる言葉として、「頑張れ」「元気を出せ」などがある。ましてや、「やる気を出せ」は論外であろう。職場復帰者に限らず、昨今「うつ」になりそうな人は多い。うつ予備軍まで含めれば、働く人のさらに多くの人が該当するであろう。ということは、誰に対しても、他者のモチベーションを高めようとすることは安易に言うべきではないし、ましてやそれを強いるような行為は行うべきではないということになる。

モチベーションが低そうにしていると上司に目を付けられるので、〝モチベーションが高いふり〟をする人もいると聞く。〝会社用の仮面〟である。そのような場合は、さらに精神的には苦しくなるに違いない。

子供だって、親から「おまえならできる、頑張れ、期待している」と言われ続け、メンタルに破綻を来してしまうことがあるわけだから、第三者である上司や会社から、権限をかさに無責任な期待の言葉を言われ続けたら、プレッシャーに押しつぶされることが多く起こっても不思議ではないだろう。

内閣府が２００８年に行った「仕事と生活の調和（ワーク・ライフ・バランス）に関する意識調査」によると、家庭生活か、仕事か、どちらを優先するかでは、仕事優先を希望する人は2・0%に過ぎなかったが、現実としては48・6%が仕事を優先していることが分かった。男性だけで見ると、仕事優先を望むのは3・2%であるのに対し、現実には62・2%が仕事を優先している。思いとは裏腹に仕事優先の生活となっている実態が分かる。思いに適っているのであれば、精神的に病むことは少ないであろう。しかし、思いとは裏腹にそうせざるを得ない状況に継続的に置かれていることが問題である。

以下は、過労死と考えられる急性心筋梗塞で亡くなった人の手帳に残されていた文章である。意に反した過重労働を物語っている。

「かつての奴隷たちは奴隷船につながれて新大陸へと運ばれた。超満員の通勤電車の方が、もっと非人間的ではないのか。現代の無数のサラリーマンたちは、あらゆる意味で奴隷的である。金に飼われている。時間に縛られている。上司に逆らえない。賃金もだいたい一方的に決められる。ほとんどわずかの金しかもらえない。それに欲望すらも広告によってコントロールされている。肉体労働の奴隷たちは、それでも家族と食事をする時間が持てたはずなのに」

（『過労死！』講談社）

日本人は50人に1人が自殺する

長時間労働が行き過ぎれば、最悪の場合、過労死という事態を招くこともある。一方では、過労自殺も近年大きな問題となっている。過労自殺は長時間労働等によるうつがその背景にある場合が多いという。結局、長時間労働とメンタル疾患と過労死・過労自殺の問題は密接につながっている。

ＮＰＯ法人ライフリンクと東京大学のメンバーで構成された「自殺実態解析プロジェクトチーム」が、自殺に対する危機の進行度を数値化し、自殺の危険複合度を５・０としたところ、「うつ病」は３・９と、自殺の一歩手前にある重大な危機要因であることが明らかになった。また、主な危機要因の中には職場環境の変化（１・８）、過労（１・９）、職場の人間関係（２・５）も含まれており、職場の中における不協和音が自殺に向かわせる要因であることが明白になったと分析している。うつ病にかかると、「楽になりたい」「生きている価値はない」と考え、自殺願望が高まるという。実際、「自殺したビジネスマンの多くがストレスによるうつ病にかかっていたと見られる」と指摘する精神科医は多い。うつ病の初期は特に気分の変動が激しく、すべてに絶望して自殺を企てることも稀ではないという。ビジネスマンの自殺が急増している背景に、うつ病の増加があることは間違いない。

医学博士の小田切陽一氏が著した『昭和30〜40年代生まれはなぜ自殺に向かうのか』（講談社）では、この15年間で昭和30年代、そして40年代生まれの自殺率が上昇していると警告する。１９５５年から２００９年にかけて、生誕年代別の自殺率の推移を見ていくと、昭和30年代以降の世代が高くなりつつあるという。1995年のデータを見ると、昭和10年代生まれが最も自殺率が高く、昭和30年代生まれは現在ほど高くはない。しかし、この15年間で昭和30年代、そして40年代生まれの自殺率が上昇。昭和10年代生まれが低下傾向を示し逆転した。昭和30年代、40年代生まれといえば、企業の中で中間管理職を担っている中高年社員の年代である。

小田切氏はこの本の中で、「日本人の50人に1人は自殺する」と述べている。「1人の人間が生涯の中で自殺によって亡くなるリスク」という視点で計算したものだ。日本の人口1億2000万人を平均寿命の80年で割ると推定年間死亡者数は約150万人となる。毎年の自殺者数が3万人とすると、「50人に1人」は自殺が要因で死ぬということになる。自殺者の7割以上は男性なので、男性の自殺リスクはさらに高くなる。ちなみに、交通事故で亡くなるリスクは同様の計算で「276人に1人」となるという。もともと日本人は欧米人に比べて自殺者の割合が大きかったという指摘もある。キリスト教においては「自殺は罪悪である」との教えがあるが、日本では、恥や名誉を重んじる伝統があるため、恥を忍んで生きるよりも、死を選んだ方が潔いという美意識ともいえる観念が背景にあることも否定できないと思われる。

自殺した男性管理職の割合がバブル期前に比べて約4倍

北里大学准教授の和田耕治氏らが2012年3月に発表した内容によると、「自殺した男性管理職の割合がバブル期前に比べて約4倍に増加した」という。和田氏らは、人口動態統計や5年に1度の国勢調査の結果を分析。30〜50代の男性の死因と死亡率を①管理職、②専門・技術職、③その他の職種（事務職や生産工程・労務職などを含む）に分けて比べた。1980年の時点での自殺率は三つの職種の中で①管理職が最も低かった。ところが1995年を境に上昇を続け、2000年代では3職種の中で一貫してトップとなり、2005年は1980年比で実に3・7倍になった。

その原因について、研究にあたった和田氏は「企業が高コストとなる正規雇用を減らし、非正規雇用を増やした。雇用環境が激変し、〝生き残りの少数精鋭〟となった管理職が疲弊している可能性がある」と指摘している。調査によると、管理職人口が占める割合は1995年に全体の6・7％であったが、2005年には3・2％まで減少。半分以下に減ったことになる。

「リストラで会社を去ってゆく同僚の分も仕事をこなさねばならない。また、次々と入れ替わる非正規雇用者の教育にも追われる。終わりなき消耗戦を強いられているのかもしれません」と和田氏は言う。1990年代後半以降、企業が行ってきた改革の多くは、ことごとく管理職の負荷を増す方向に向かったといえるであろう。

癌の死亡率も2000年代に入り、管理職が他の二つの職種を上回った。「管理職の人の方が肥満や飲酒、運動不足が多いという報告もある。多忙に追われた『診断の遅れ』もあるのでは」と説明している。過酷な状況に置かれても頑張ってしまうまじめさと、頑張らざるを得ない危機感とが職場のうつを引き起こし、過労死や過労自殺を招いている状況が窺われる。

東京新聞が2012年3月から6月にかけての「時間外労働・休日労働に関する協定(三六協定)届」の情報公開を求めたところ、100社のうち70社が月80時間以上の残業を認めており、そのうちの37社が100時間を超えていた。100社の平均は約92時間であり、過労死ラインと呼ばれる80時間を大幅に超えた。国の労働基準法では、労使間の協定締結を条件に月45時間までの残業を認めている。また厚生労働省は、過労死認定基準として発症前1ヶ月に100時間、または2〜6ヶ月に月80時間を超える残業は業務との因果関係が強いとする目安を示している。

日本人は「疲れにくい国民」なのに、自殺率が高い

「仕事のストレス」に関わる国際比較調査によると、日本は低めに出ている。各国1000人から2000人の就業者調査で、「ストレスの多い仕事かどうか」については、そう感じている人が72・0％で、21ヶ国中6番目に低い値となっている。欧米先進諸国よりも低い。ちなみに、隣国の韓国は、スウェーデンに次いで2番目に高く87・3％となっている（OECD, Society at a Glance 2009）。さらに、「くたくたになって帰宅する」については、73・6％と最も低い値となっている。73・6％の人が「くたくたになって帰宅する」と感じている状況が、絶対値として少ない状況とはいえないであろうが、米国85・3％、英国89・6％、フランス92・5％と、欧米先進国はさらに高い割合となっている。一方では、「長時間労働者比率」は高いので、結果として、「疲れにくい国民」として、当調査の分析の中では位置づけられている。

しかし、「疲れにくい国民」との位置づけながら、自殺率の高さは際立っている。WHOが2011年に発表した、10万人あたりの自殺者数の比較データによると、105ヶ国中8番目に高い結果となっている。過労死も、“Karoshi”という言葉がそのまま欧米でも使われるようになったほど、日本に多く起こっている現象である。

では、他国との比較におけるストレス度合い、疲労度合いはどのように解釈すればよいのだろうか。本人回答であるため、感覚の違いも大いにあるだろう。「疲れにくい国民」というよりは、「我慢強い国民」という方が合っているように思われる。「これくらいのことは大したことはない」と強がりを言いながら、ストレスを蓄積していくサラリーマンの姿が容易に思い浮かぶ。

また、自覚がないままに埋没していく状況もあるに違いない。「疲れている」という自覚がないままに仕事にのめり込んでいってしまうことが過労死や過労自殺の一因と考えられるのではないだろうか。他国での結果のように、ストレスを強く感じ、疲労感を覚えれば、休息の必要性も感じるであろう。一方、自覚がないままに長時間労働を続けていると、ある時突然破綻するということが起こるのではないだろうか。

第五章　モチベーションを問題視しない働き方「モチベーション0・0」

いつも成果を出す人はガツガツしていない

仕事上、数多くのハイパフォーマーの方々にインタビューをさせていただくが、ハイパフォーマーはもちろんモチベーションが高めの人が多い。しかし、成果へ向けてガツガツとした人は意外と少ない。どういう人が多いかといえば、いわゆる〝飄々とした人〟だ。**モチベーションが低いわけではないが、肩の力が抜けている、ガツガツとしていない。やる気を前面に出していないので、一見やる気があるのかどうか、よく分からないことすらある。**

インタビューさせていただくのは、何年もの間、安定的に一定以上の成果を挙げ続けており、他の模範となっている人たちだ。これらの人たちには、自分なりの好業績パターンがある。それらが自らの中に〝仕組み化〟されていると言ってもいい。成果を挙げるためには何をすればよいかが明確に分かっているので、粛々と実行するのみである。多少想定外のことが起こってもあたふたしない。想定外の状況もたいていは経験済みなので、こういう時はこうすればいいというのがやはり決まっている。いちいちその都度思い悩んだりはしない。むしろそのような状況を楽しむくらいの余裕すらある。

　こういう人たちは実にしなやかであり、緩急自在だ。楽に流しているところがあるかと思えば、ある局面では猛烈な集中力を発揮する。ツボが分かっているので、それらの点については全力を注ぐ。こうした力は、やる気やモチベーションといった類《たぐい》のもので賄われているわけではない。むしろ、**モチベーションとは無関係である。やるべきことだからやっている。力を入れるべきところだから入れている。成果が挙がるかどうかは、モチベーションの一定状態の持続ではなく、緩急である。**ここぞという時の集中力であり、突破力、あるいは粘り強さである。ゆえに、モチベーションが落ちている時があるからといって、問題視する必要はないのだ。

　こうした人たちに、仕事に対する考えを聞くと、以下のような意見を多く聞く。「仕事は辛くて当たり前」、「仕事は修行の場」、「社会人としての当然の務め」などである。割り切った、醒めた意見といえばそのとおりだが、いずれも仕事に必要以上の理想を抱いていないという点で共通している。達成感を得たいとか、満足感を得たいとか、個人的な欲求を満たそうという方向性ではないのだ。

デキる人は「型」と「習慣」で身体を動かす

このように、デキる人を見ていると、行動の中で「ルーティン化」していることが多い。「型」や「習慣」と言ってもいい。その時々で右往左往することが極めて少ない。経験の中で、あらゆる状況に何度も直面し対応してきているので、各場面での最善の対応というものを身体で記憶している。ゆえに即座に身体が動く。やる気のあるなしなどの気分の問題ではない。そして、対処できる状況が経験と共に多くなり、やがてそれらが普遍化し、未知の問題に対しても対処できるようになるのである。

しなやかな働き方と、自由な働き方とは違う。そのような働き方をしている人は、むしろ規則正しい生活をしている。一方、不規則な生活を送っている人は何か辛そうに見受けられる。たとえば、出社時間一つとっても、デキる人の場合はたいてい、毎朝決まって8時に出社するというように固定されている。8時に出てくることもあれば、10時に出てくることもあるというのは成果の挙がっていない人に多い。そのような人は、何か問題が起こるとその都度考え、どうしようかと悩み対処する。それに対する振り返りや反省をしないため、次に同様な問題が起こっても、またその時点で悩むことになる。その都度膨大な労力を費やし、疲弊していくことになるのだ。

あるハイパフォーマーの方が披露してくれた仕事に取り組む姿勢に関する独自の考えが記憶に残っている。一つの極論ではあると思うが、妙な説得力があったことも確かだ。

モチベーションの源泉について質問した時のことである。「仕事なんていうのは、やりたくないことの方が圧倒的に多いわけだから、やる気なんてなくて普通」と言ってのけたのだ。「そんな中でも、何かの拍子でやる気が出たり、面白くなったりすることがあるんですね。お客さんが予想外に喜んでくれたとか、職場でふと口にしたダジャレが妙に受けたとか、瑣末なことですが、そんなことで気分が盛り上がったりするものなんです。そういう時は、おやおや今日は結構やる気があるな、とその状況を楽しむんです」と言うのだった。

なるほど、そういう考えでいると、少しくらいやる気が出なくても、そんな状況をいちいち問題視するようなこともなく、かえって安定的に職務を遂行できるのかもしれないと思った。実際に、そう話してくれた当人は何か軽やかであり、余裕もあり、職場のムードメーカー的な存在にもなっていた。

「やりたくてやる」労働は現実的か?

もともと、内発的要因に動機づけられ、仕事への興味によって高いモチベーションを保っているなどという、絵に描いたようなハイモチベーション人材が多いわけはない。それは、内発的動機づけの例として紹介されるのは仕事以外の話がほとんどであることからも分かるとおりである。内発的動機づけとは、好奇心や関心によってもたらされる動機づけである。つまり、子供が遊ぶように、やりたくてやっている状態だ。**内発的動機づけによる行動は、モチベーション上最も望ましい状態とされているが、仕事上多く起こると考えることは現実的ではない。**なぜなら、組織労働には「全体感」や「裁量性」の欠如など、内発的動機を奪う要素が多く含まれているからである。

また、内発的動機づけによるものだからといって良い場合ばかりではないことにも注意する必要がある。自らの興味・関心に基づくわけなので、仕事上は〝ずれた内発的動機〟という場合も当然出てくる。かつての同僚で、確かにいつも楽しそうに仕事をしている者がいた。しかし、成果が人一倍挙がっていたかといえば、そうではない。なぜ楽しそうにしているかといえば、個人的に興味のあることに多くの時間を割いていたからであった。遊んでいるわけではなく、仕事といえなくもないのだが、どうも今現在のプロジェクトには役立ちそうにない内容に費やしている時間が長いようであった。たとえば、当人は英語が堪能だったので、興味のあるテーマの海外の文献をよく漁っていたりもしていた。そういうこともどこかで役に立つかもしれないが、顧客の満足度やプロジェクトの利益に関しては、必要最低限の仕事しかしていないようであった。

仕事は、趣味ではないのだから、個人的興味を追求すればよいというものではない。内発的動機づけによる行動の良さは認めるにしても、会社に貢献する方向へうまく興味が向くことはそれほど多くは起こらないであろう。部分的、短期的には誰でもそういう状態はあるだろうが、気が向かない仕事がまったくないとか、長期間にわたってそうした動機が維持されると考えるのは現実的ではない。どんなに脚光を浴びているように思われる仕事でも、地道な作業をこつこつとこなしている時間の方が圧倒的に長いのが普通だ。また、どんな仕事でも必ずマンネリ化する。当初どんなにワクワクしたとしてもそれが持続する期間は長くはないのだ。

個人的興味に基づいて仕事ができる状態はどう考えても多くは生じない。加えて、雇用形態の多様化によって、同じ職場で働く人の中でも、個人的興味の在《あ》り処《か》は人それぞれバラバラである。正社員、契約社員、派遣社員、再雇用者、パート、フリーター、こうした様々な働き方と働き手の存在は、多様な仕事動機・仕事意識が存在することを意味する。これらの人たちのそれぞれが個人的興味を満たせるような働き方を実現することなど到底困難であろう。その何よりの証拠が、企業におけるモチベーションの問題視であり、さらには、メンタル疾患の多発である。もし内発的動機づけによる働き方が多くの人たちにとって可能なら、そもそもモチベーションが問題視されることはないであろうし、職場のうつが年々増加するなんていうことにはならないであろう。「モチベーション」という言葉自体、登場する余地はないのだ。したがって、内発的に動機づけられて仕事をする状態を目指すことはいわば雲をつかむようなものであって、現実性に乏しいと言わざるを得ない。ゆえに、そこをゴールとして対策を打とうとしては、道を誤ってしまうことになると考えられる。

プレッシャーがないと成果が挙がりづらい

様々な職種の中で、内発的動機が得られやすいと一般的に思われる職種としては、研究開発などが挙げられるであろう。いかにも、大学や大学院での研究活動の延長のようなイメージがあるかもしれない。しかし、研究開発であっても仕事で行う場合には、興味の向く研究に従事できるとは限らない。雑用的な業務も多く、ノルマもあり、しかも小さな固定的なチームで、同じ場所で毎日仕事をすることもあり、人間関係での悩みも多く発生しがちだ。手柄を横取りされたり、研究予算が減らされたり、他のチームや他のメンバーが厚遇されたりなど、面白くない出来事はいくらでも起こる。

企業において、私共は「ストレス診断」を実施することも多いが、その結果、〝オーバーストレス〟が多く出る職種の一つが研究開発職である。オーバーストレスとは、各人の現在受けているストレスの度合いがストレス耐性のレベルを大きく上回っている状態のことである。ヒアリングをしてみると、「何度実験を行ってもうまくいかない、納期のプレッシャーが強い、逃げ場がない、息抜きができない、沈滞した空気の中にずっといることに耐えられない」など、また若手社員からは、「雑用しか任されない」とか、「自分の専門が活かせる研究ができない。今後もその見込みがない」などの意見がよく聞かれる。他職種に比べても、強いストレス状況が窺える。

企業における労働としては、研究開発職であれ、成果へのプレッシャーは当然ある。ピーター・F・ドラッカーは、「研究員への要求が少ないほど、成果は大きくなる」という通説は、R&Dにおける〝妄説〟の一つであるとし、「実のところ、研究者も企業で働く他の人々と同じく、経済的成果への要求が高い時に最も成果を挙げる」と述べている。成果を挙げるうえでは、制約や一定のプレッシャーは必要であり、たとえ創造的な仕事であっても、制約やプレッシャーのない中では成果は挙がりづらいという現実もある。

もともと日本人はモチベーションを必要としていなかった

組織内の労働においては、職種を問わず内発的動機に基づく働き方をすることは一般的に困難であると述べたが、一方で、職人の仕事などはそうした働き方を実現しやすいと考えられる。会社の中での働き方と何がいったい異なるのであろうか。

普段、職人さんの仕事ぶりを見ることは少ないが、数年前に家を建てた時に多くの職人さんたちの仕事を間近で見る経験をした。そこには一心不乱に仕事に向かう姿勢があった。いっさいの手抜きをせずに懸命に働くことに何の疑いもなく、それが当然のことのようであった。「職人気質」という言葉があるが、確かに、仕事に対する誇りや心意気というものが感じられた。特に品質に対するいっさいの妥協を許さない姿勢が印象的だった。基礎工事や骨組み、床下、天井裏など、出来上がった後には実際には見えない箇所が圧倒的に多いわけだが、それらすべてにわたって手抜きはなく、素人目にも完璧に綺麗な仕上がりであった。

ほんの一ヶ所でも何かがずれているなど、おそらく、「そんな恥ずかしい仕事はできない」という職人の意地があるのであろう。それは、やる気やモチベーションといったレベルのこととは無関係のように思われた。少なくとも、企業で問題になっているモチベーションとはまったく異質のものが存在していた。「職人の心意気」や「職人としての誇り」とはよく言われるが、「職人のやる気、モチベーション」という言われ方は聞かない。**やる気ではなく、心意気や誇りで働いているのだ。そこにはやる気のあるなしなど、モチベーションの入り込む余地はないのである。**

もともと日本人はモチベーションなど必要としない、そのような働き方をしてきたのではないだろうか。それが近代化の中で、工場労働やオフィス労働が主になる中で、モチベーションを必要とするようになってしまったのではないだろうか。同じ仕事でありながら、工場やオフィスでの労働と職人の労働には大きな違いがある。一方はモチベーションが大きな問題となる働き方であり、もう一方はモチベーションなど問題にならない働き方である。どちらが幸せなあり方かといえば、後者であることは疑いないであろう。ではなぜ、会社員の仕事においてはそのようにならないのか。何が違うのであろうか。

職人仕事との対比で見る「組織労働」

職人の仕事を会社員の仕事との対比で見てみると、まず、「全体性」や「裁量性」という点が特徴として挙げられる。職人仕事の場合、自分の持ち場の全体について把握し、自らの裁量で仕事を進める。大工さんもそうだが、金型職人も旋盤職人も、染物職人も靴職人も、皆自分で設計から製作、仕上げまですべての工程を行う。これらの点は、全体の一部のみを担当し、上役の指示・命令のもとに、管理されながら行う仕事とは大きく異なる。

また、「責任意識」という点での違いも大きいだろう。資本主義経済下では、もの作りは市場における流通を前提とし、使うため、消費するためではなく、売るために作る。売るといっても、自ら仕事の依頼を受けて、直接客に手渡すのではなく、他者の手によって客の手に渡っていく。こうなると、作る物についての「責任意識」も希薄になっていかざるを得ない。

たとえば、自分で使うものであれば、「使いやすいように」という強い意志が自ずと働く。直接依頼を受けた客へ手渡す場合には、「客に喜んでもらえるように」との意識が強く働く。しかし、他者の手を仲介して顔の見えない客に渡っていく場合には、作り手と作る物との関係は希薄になり、「責任意識」も作る喜びも薄れることになる。同時に、作り手と作られた物とをつなぐのが金銭的な報酬だけになるため、やらされ感は強まり、仕事に対する主体性は低くなる。結果、労働はお金を稼ぐという側面ばかりが強調されることになる。ここに至って、仕事に対する誇りや心意気といったものは隅へ追いやられ、モチベーションによる労働が前面に出てくることになる。

「やりがいのある仕事」とは？

個人として「やりがいがない」と言うのも、会社として「やりがいのある仕事を与えよう」と言うのも、共に〝上から目線〟なのではないだろうか。そもそも「やりがいのある仕事」とは、どのようなものか。「やりがいがない」と言う人は、どのような状態を思い描いているのだろうか。「多くの優秀な部下を抱え、同僚にも恵まれ、誰に命令されることなく、自分の自由裁量で仕事を進めることができ、結果が良くても悪くてもある程度以上の安定した報酬が得られ、結果が出た時にはもらい過ぎと思えるような高額報酬が得られる仕事」であろうか。少し考えてみるだけでも、現実には存在しないものであることが分かる。なのに、具体的に想定せず、現状に対して「何か違う、もっと自分の力が発揮できる仕事があるはず、自分にとってもっと良い状態がどこかにあるに違いない」と思ってしまうのだ。実際には、どんな仕事でも、辛さがある反面、やりがいもあるものだが、辛いことが多く、やりがいや達成感を覚えることはごく稀であることが普通である。それは、どんな仕事でも変わりはない。

ある尊敬する若い友人がいる。かつて私が担当していた人材マネジメント業界のある勉強会の参加者だった。大手電機メーカーの人事部に勤めていたが、ヘッドハンターから勧められて外資系の医療機器メーカーの人事マネジャーへ転職をした。転職前に相談された時、20代での転職にあまり賛成ではない私は、かなり醒めたアドバイスをしたと記憶している。だが彼は熟慮の末、意を決して転職に踏み切った。やはり転職前に想定していた理想の多くは裏切られる結果となったようではあったが、彼の場合、その後が多くの転職者とは違っていた。「転職を重ねない」と決めていた彼は、その後その会社に骨を埋めるような覚悟で職務に邁進し続けた。

聞いていたことと違っていたとやる気をなくし、2、3年内には次の転職先探しをする人が多いものだが、彼の場合はその時点で自分自身を客観的に振り返ることができた。まだ十分なビジネス経験もスキルもない自分を、そんなに恵まれた条件で迎え入れてくれる会社があるわけはないと。ここで実力を磨かなければ先はないと悟り、不遇な条件は我慢し、組織規模が小さいがゆえに職務範囲が広いという利点を幸いとし、実力磨きに邁進した。一時期、本国でのビジネス状況の悪化を受けてリストラモードの時期もあったようだが、その後持ち直し、彼は本国での研修に呼ばれるなど、どうやらその会社のサクセッションプラン（経営幹部養成プラン）に乗ったようだった。20代での転職にあたって、一つの模範になるケースであると思う。彼は、転職をして理想とする仕事にあり付けたわけではなかった。そんなものは存在しないと悟り、自らの考えと心持ちを変えたのであった。

モチベーションが先ではない

モチベーションに焦点が当たると、それを上げることが自己目的化してしまう。しかし、少なくともモチベーションと行動とで、モチベーションが先ではない。小学生の息子が剣道を習っているが、「今日は稽古に行きたくない」と言うことも多い。そういう時に、「強くなりたくないのか」とか、「剣道に行ったらガチャガチャを買ってあげる」とか、あの手この手でやる気を出させようと思っても、やる気は出ない。有無を言わせず着替えさせて、道場へ連れていけば、道友たちと会って少し調子が出てきて、大きな声を出しながら素振りをはじめれば徐々にやる気が出て、かかり稽古をやる頃にはやる気満々になっている。

結局、プロセスを進めていくうちに、モチベーションが上がっていくわけであって、モチベーションが先ではない。モチベーションありきではないのだ。感情を排除するわけではない。**感情は必ずプロセスを進めていくうちに、楽しいとか苦しいとか、湧き上がってくるものだ。**プロセスを進める前、動き出す前に、ネガティブな感情にあえて取り合うべきではないということである。

私自身のジム通いについても同様のことがいえる。筋力トレーニングのためのジム通いは、かれこれ20年近くになるが、行きたくない気分の時は当然多い。長くやっていることもあり、結構ハードなメニューを組んでいるので、正直、それらをひと通りこなすのはしんどい。少なくとも、デスクでPCに向かっているよりははるかにしんどい。しかし、いつもの準備をして、いつもの道を通り、ジムへ行く。ちなみに、ジムへ行く時の服装も決めている。余計な判断を入れないためである。習慣化を強化するためともいえる。受付の人に挨拶をし、ロッカールームへ行き、馴染みの人と会話を交わす頃には、疑いなく日常になっている。やることが当たり前になっているのだ。

これをジムに行く前から、いろいろと考えてやる気を出すことができるか、と考えてみる。ジムへ行ったら、帰ってきてビールを2本飲んでいいことにするとか、ジムで身体を鍛えることは健康やマインドセットをポジティブにすることに役立つとか、またいい発想が生まれたりもする等々。金銭的インセンティブにしても、非金銭的インセンティブにしても、そんなことを考えはじめてしまえば、「本当はやりたくないことなんだ」という気持ちばかりがクローズアップされ、ますます行く気を削ぐ結果となるに違いない。

ましてや、誰かにそのようなことを促されたりすれば、さらに心理的抵抗感は増すだろう。仕事もそうだが、やりたくてやるというケースは多くなくて当然だ。やることが当たり前だからやるということ以上のものではない。進めていく中で気分が乗ってくることもあれば、そうでないこともある。やる前から、モチベーションを持ち出す必要はないのである。

「モチベーション」に関して現実的に考えよう

この章のタイトルにある「モチベーション0・0」とは、ダニエル・ピンク氏の「モチベーション3・0」に倣ったネーミングである。「モチベーション3・0」とは、「内面から湧き出るやる気に基づく動機づけ」であり、これこそが、創造性を要する高度な知的業務に携わる現代の労働者には重要なやる気の源泉であるとされている。ちなみに、「モチベーション2・0」は「アメとムチに駆り立てられる動機づけ」であり、「モチベーション1・0」は「生存や安心に基づく動機づけ」であると定義されている。

既に述べたとおり、実情に鑑みれば、「モチベーション3・0」のような状態をゴールとすることには無理がある。少なくとも、万人向けのメッセージではないであろう。自らの内側からふつふつと湧き出る興味によって、内発的に動機づけられて仕事をすることは素晴らしい。しかし、職業人のいったいどれほどの人がそのような状態を実現できるであろうか。ある一時、それに近い状態を経験することは誰しもあるであろう。一方で、そのような状態でないことの方がはるかに多いことも確かであろう。そのような状態を実現し、継続できる術《すべ》があるならば、モチベーションの問題などはそもそも存在しない。

加えて、「モチベーション3・0」こそが望ましく、皆それを目指すべきという主張は、その状態を実現できる可能性が低い以上、かえってモチベーションを奪うことになりはしないか。あるいは、「モチベーション3・0」が実現できないのは、選んでいる仕事が違っているからだというような自分中心の考え方に偏ってしまいはしないだろうか。

相変わらず多くの企業においてモチベーションが大きな問題とされている状況を見るならば、モチベーションに関するより現実的な考え方が求められているといえるのではないだろうか。つまり、望ましいと分かりながらも「モチベーション3・0」の状態を実現することが困難な大多数の人へ向けたメッセージである。

まやかしの自己実現

仕事は生計を立てるための手段であるという位置づけは変わることはない。生活のために働くことは、それ自体尊いものである。少なくとも日本において労働は、古代ギリシャのように忌避されるべきものとの位置づけではなく、労働それ自体意味あるものとして考えられてきた。であるなら、**労働とは当然行うべきこととして、目の前にあることにまじめに取り組むことがまず基本となろう。そうした点をなおざりにしたまま、仕事にやりがいや喜びを見出すとか、仕事を通して自己実現を図るといったことを目指すことに問題はないのだろうか。**

ただでさえ、現代社会は、すべての人に対して「夢を持て」とか、「仕事を通して自己実現を図らなければならない」といったメッセージが一種の強迫観念となってあふれている。これらはいずれも個人の欲求を満たすという意味で、自分中心の考え方に他ならない。企業において、皆が皆こんなことを目指していては、会社組織は維持し得ないであろう。示された方針や役割のもとに、まじめに堅実に働いてくれる社員がいるから会社は成り立っているのである。

企業も、「社員の自己実現を支援します」なんて余計なことは言うべきではない。それは一見耳触りはよく、社員を大切にするふうではあるが、実際は理念なき企業の典型である。そうした態度は企業本来のあり方ではない。社員にすり寄った、歪んだ姿と言えるであろう。社員の自己実現を支援することを目的として会社は設立されたわけではない。社会への何らかの貢献を目的としており、それを実現するために社員を雇用しているわけだ。会社としてこういうことをやっていきたいので、共感する人は力を貸してください、というのが本来のあり方である。

よって、企業は企業として、何をやりたいのかを強く打ち出すべきである。そうでなければ、社員も会社を誇りに思うことはできない。そういう会社が「社員を大切にします」と言ったところで、社員を幸せにできようはずはないのだ。なぜこんなふうになってしまったのかといえば、サラリーマン経営者が多くなってきたことが一つの理由であろう。メンタリティが、経営者というよりは管理職に近いため、組織を維持するという発想からしか理念が出てこないのであろう。

モチベーションを問題にしていては大した仕事はできない

では「モチベーション0・0」とは何か。それは、「モチベーションを問題視しない働き方」である。これまでにも述べてきたように、そもそもモチベーションを問題としているようでは、大した仕事はできない。職人の仕事に限らず、モチベーションが問題とならない状況はいくらでもある。子供が一心不乱に遊んでいる時にモチベーションは問題にならない。朝起きて歯を磨いている時にもモチベーションは問題にならない。また、生きるか死ぬかという切迫した状況においても問題にはならない。

結局、モチベーションが問題にならないケースは三通りある。一つは、好きなことをやっている時であり、もう一つは、それをすることが当たり前になっていること、つまり習慣化していることをやっている時、そして三つ目が、切迫した余裕のない状況にある時だ。仕事がこのいずれかに当てはまる場合にはモチベーションは問題にはならなくなる。

仕事の中には好きなことも嫌いなことも両方あって当然である。好きなことについては、モチベーションが問題にならないケースの一つ目にあたり、それを行うにあたってモチベーションは必要としない。既に述べたとおり、仕事上は多く発生するケースではないが、幸いにも発生した時には、存分に楽しむべきである。次に、外資に買収され、全社員の半分の人員を削減することが発表された場合など、月曜の朝であろうが、会社へ行って「今日はモチベーションが上がらないなあ」なんていうことが頭をかすめることはないであろう。これは三つ目の切迫した状況下にある場合だ。ただし、モチベーションを必要としない状況ができるとはいえ、できれば避けたいものである。

したがって、**モチベーションを問題視しない状況をつくるにあたって、積極的に取り組むべき観点は、二つ目の「習慣化」ということになる。**仕事の中で積極的に興味の向かない大多数のこと、その中にはできれば避けたいストレスフルなことも多いであろう。これらのことは、できるだけ「習慣化」、「ルーティン化」を図るべきである。

ところで、モチベーションが高くない状態を「低モチベーション」とは言わず、「ローモチベーション」と言いたい。低モチベーションと言うと、何か怠けている感じがあり、悪いイメージが強くなるからだ。ローモチベーションは、車のギアのイメージである。ローでもしっかり動く。むしろ力強く動く。大きな負荷のかかる急な坂道では、ローでないと進まない。そういうイメージだ。

　トップギアでスピードを出していると、視野が狭くなるため、事故を起こしやすい。また、トップギアのまま急な坂道に入ったら、エンストを起こしてしまう。ハイモチベーションの場合、自分への期待も、周囲への期待も、結果への期待も大きいため、うまくいかなかった場合の落ち込みも激しくなる。ローモチベーションの場合は、もともと過大な期待はしていないので、うまくいかないことがあっても、さして落ち込むこともなく、変わらず着実に実行し続けることができる。

「モチベーション０・０」をこの線で喩えるなら、ギアを考える必要のない、オートマチックということだ。状況に合わせて自動的に切り替わる。必要なところでは自動的にトップギアに入る。既に述べたとおり、仕事のできる、できないの分かれ目は、ここぞという時の集中力や突破力にあることが多い。一定のモチベーションの持続ではなく、むしろ緩急である。常にモチベーションが高くないからといって、問題視する必要はないのだ。

やりたくない仕事は「ルーティン化」で乗り切る

「ルーティン化」による仕事の進め方は、先に述べたハイパフォーマーの仕事ぶりと重なる。やるべきことを肩の力を抜いたまま淡々と進める仕事の仕方である。どういう場面でどういう行動をとればよいのか明確に分かっており身体にしみ付いているため、やる気のあるなしという感情とは無関係に身体が動くのだ。「基本行動」と言ってもいいし、「型」と言ってもいい。気が進まない仕事についてはとかく、ミスが出がちであり、後回しにすることによって状況が悪くなったり、やりたくない感情を抱えたまま中途半端な対応をすることで成果が挙がらなかったりする。また、そのプロセスにおいてストレスも溜まりがちである。そうならないよう、「ルーティン化」を図り、当たり前のこととして着実に実行するのである。

たとえば、どんな仕事でも、3年以上同じ仕事をしていれば、まったく未経験の新たな状況に直面することはほとんどないであろう。過去の経験がいっさい活かせず、その場で頭を悩ませる状況というのは少ないはずだ。

であるならば、やるべきことは分かっているはずである。「やりたい、やりたくない」の感情を除外して考えるために、自分が実行するのではなく、他者に指示してやらせると考えたらどうであろうか。「何をどうする必要があるのか」、「それにあたっての注意点は」、さらに「効果性を高めるためにはどうすべきか」など、的確な指示が出せるに違いない。

確かに、頭で分かっていることと、できることは違うということはある。それゆえ、何度も繰り返し身体に覚えこませるのである。それが「習慣化」である。**どういう場面でどうするという「型」を決め、「習慣化」するのである。**

モチベーションに頼る場合には漏れが出がちであり、ストレスも掛かる。なんとかやる気を高めて対応しようとしても、やる気を持続させることは難しい。そもそも気が進まないこと、不得手なことに対処する場合には常に葛藤が生じる。結果として、「やりたくない」という気持ちと向き合うことになる。しかし、「習慣化」を図れば、そうした仕事に対しても中途半端にせず、無駄な時間をかけずに遂行できるようになる。「ルーティン化」、「習慣化」はいわば、モチベーションに頼らない技術ともいえる。

対人交渉にも決まりをつくる

ハイパフォーマーは、各場面、場面で何をすべきか、とるべき行動を決めている。そして、そのような場面になれば迷いなく、躊躇なく、その行動をとる。たとえば、社内交渉。一定以上の立場になると、いろんな関係性の中で何かと社内他部署との交渉や調整をする必要が出てくる。顧客や関係会社など、外部との交渉よりも社内の交渉の方が厄介だという人も多い。厄介だからといって手を抜いてしまえば、物事がまったく進まなくなったり、思わぬところで足元をすくわれたりすることになる。組織の中で働くものとしては避けては通れない点だ。

ある大手メーカーで、社内調整で定評のあるハイパフォーマーのKさんという人がいた。周囲の人たちへのヒアリングで、Kさんの優れた点について聞くと、誰もがその点を真っ先に挙げた。「顔が広い」、「社内人脈が豊富」、「部門間調整の達人」等々。「彼の協力が得られれば、物事は驚くほどスピーディーに動く」と語った人もいた。

その点について当人に尋ねてみたところ、当人もその点は自分の強みとして認識しており、周囲からそのように認識されていることも分かっていた。「何かうまくやるコツでも?」とはよく聞いてみる質問であるが、ハイパフォーマーの多くは強みの点については、意外と無意識的に行っており、どうすればそれがうまくできるのかなど考えていないことも多い。しかし、Kさんは違った。その問いに即座に返してきた。

「交渉が必要となる相手はだいたい決まっています。10人といないでしょう。それらの人たちとは普段から関係をつくっておくようにしています。少しでも共有しておいた方がよいと思う情報は小まめに共有したり、顔を合わせる機会をできるだけつくったりするよう

にもしています。会議などで顔を合わせれば、必ず世間話の一つもするようにしていま
す」

　そうしていく中で、その中でも特にハブ的な人が分かってくるという。つまり、多くの人に影響力を持っている、多くの人たちの接合点になっているような人だ。そういう人はもちろん〝厚めに〟押さえておくという。

「10人近くもの人を常にケアしておくなんて、たいへんじゃないですか？」と問うてみたところ、印象的な答えが返ってきた。

「最初の頃は、処世術のようなつもりでやっていたこともあって、面倒だと感じていましたが、最近はそうでもなく、そうしていた方が自分としても気分がいいので、普通にそうしています」と。関係性を良くする行為は自分の気分も良くすることに気づき、自然にできるようになったという。これら一連の行動が習慣化されているわけである。

　さらに、「では、そうした関係を築いていない人との交渉が必要になった場合にはどうしていますか？」と聞いてみた。彼のような行動習慣のある人の場合、交渉が必要となる場合のほとんどは既に十分な関係をつくっている人との交渉になるわけだが、とはいえ、業務上突発的なことはいくらでも起こるだろう。それに収まらないケースも当然出てくる。

そのケースを聞いてみたわけだ。すると、そこにも「型」はあった。

「決まってやっていることは、一度目には交渉しないということです。自分でも、突然来られて、多少なりともこちらの利害が損なわれる交渉に応じる気にはなりませんからね」

「一度目は情報収集とか、何か違う件で訪ねて、『こういうことについて困っているので、今度相談に乗っていただくかもしれません』などと言って帰ってきます。そして次に行った時に『実は……』と相談します。そうするとたいていは協力が得られます」

この「協力を得る」というスタンスも実はＫさんのこだわりのある点であった。対等な立場でぶつかると、相手も引くに引けなくなるので、「協力して欲しい」、もっといえば「助けて欲しい」、「お力を貸して欲しい」というスタンスを必ずとるそうだ。

最後に、「社内交渉は好きですか？」と聞いてみた。すると、「どちらかといえば好きです。この点に関してはライバルもあまりいなく、隣の部の人なども私を頼って来てくれるので、それなりにやりがいもあります。実は、私はそれほど顔が広いわけではないんですけどね。でもなぜかそういうことになっています」と、何か楽しげに話してくれた。

誰しも自分がうまくできることは好きなものである。多くの人が苦手としており、どうにかこうにかモチベーションを絞り出して、嫌々ながら行うことに対して、Ｋさんは抵抗感がないばかりか、むしろ楽しんでやっている。考えずに身体が動くというほど自然に。その点において、モチベーションはまったく問題にはなっていない。

思考作業の中での「ルーティン化」

ルーティン化という点について、交渉ごとのような、主として行動で賄われるものではなく、思考作業の場合はどうであろうか。思考作業と言われる仕事においても、本当に頭を使う、沈思黙考する必要のある部分はごく限られているとはいえないだろうか。一つ例を挙げよう。

コンサルティング会社において、営業段階で営業先企業に提出する企画提案書の作成はコンサルタント個々人で大きく差が出るところである。一件の企画提案書の作成でも、結構多くの労力が掛かり、それがいくつも重なると、プロジェクトワークに支障が出かねない。かといってたくさんの時間を掛け、提案までに時間が掛かり過ぎてしまえば、仕事を逃すリスクが高まる。もちろん新たな仕事を獲得することも、プロジェクトを十分な品質で仕上げることと同じくらいに重要なことである。コンサルティング会社においても、仕事の獲得能力がないとなかなか出世はできず、いつまでもプロジェクトの一メンバーという立場から脱却できない。そういう性質の仕事なだけに、ここで個人差が大きく出る。

かつての職場の先輩で、この点が図抜けていたMさんという人がいた。提案書の中身としては、飛び抜けて独創的というわけではなかったが、とにかく速く、ポイントを押さえた高い品質の提案書を作成することに長けていた。実際のところ、提案書においてそれほど独創的なものは必要ではなく、企業のニーズを正しく捉えた説得力のある提案書が優れた提案書なのだ。Mさんの作成する提案書はまさしくそうであり、分かりやすく、かつ訴求力が抜群であった。

Mさんはどのように提案書の作成をしていたか。品質も然ることながら、そのあまりの速さから、独自の方法があるに違いないと思い、聞いてみたことがあった。するとそこには、やはり徹底したルーティン化があった。

まず、プロジェクトの種類ごとに、いくつかにパターン化がなされていた。それらのパターンを作るにあたっては、プロジェクトの種類ごとに、過去に出された提案書の中から優れて説得力の高いものをいくつか選び、それらを基にしていた。構成内容は、その企業の属する業界をよく知っていることを伝えるページ、その企業の事業上の課題を理解していることを伝えるページ、今回のプロジェクトの位置づけ、ゴールイメージ、スケジュール、費用等である。そして、最後に時間が許す範囲において、同じ業界の欧米先進企業の事例をまとめたものを1、2枚加えるというものであった。顧客側から見てのバランスに配慮して、何に何ページ割くかを決めていた。

その提案書を作るにあたっては、最新の業界動向に更新するために、業界専門紙や書籍2、3冊にざっと目を通すことなどをMさんはルールとしていた。そして全体の中で、特に力を入れるのがゴールイメージの部分であった。そこは、企業の願望が実現された状態であり、いわば使用前・使用後をイメージさせる最も訴求すべき部分であった。

全体が思考作業と一見捉えられがちな企画提案書の作成ではあるが、Mさんのやり方を見る限り、大脳を酷使するのはゴールイメージの2、3ページだけであった。あとはプロジェクトワークの合間を縫っての情報収集やそのとりまとめなど、考えなくともおおよそ手が動く形になっていた。ここまでパターン化、ルーティン化してあったため、案件が発生したらすぐに着手できる。そして、後は何をどうしていけばいいかが決まっているので、プロジェクトワークの傍《かたわ》らどんどん進んでいくというわけであった。

会社や上司は社員の邪魔をしないこと

モチベーションを必要としない「ルーティン化」による仕事の仕方である「モチベーション0・0」についてエピソードを通して見てきたが、「モチベーション0・0」はもちろん誰でもどんな状況でも実現できるわけではない。そのような働き方を実践しようという意思のある人が、望ましい環境下にある場合にはじめて実現可能となるのだ。では、「モチベーション0・0」が成立するための要件とはどのようなものであろうか。

まずは、働き手の価値観である。短期的なやりがいなどの個人的欲求を満たす方向では、このような安定的な働き方は望めない。モチベーションを問題視せず、やるべきことを当然のこととして実行していく労働観が必要である。この点については次章で述べることとする。

もう一つは、第二章でも述べたとおり、会社や上司が邪魔をしないことである。会社も上司も、結果として積極的に社員のモチベーションを削いでいる側面がある。そうしたことをきちんと認識する必要がある。結局、会社は、モチベーションを上げようとするのではなく、モチベーションを削がないようにすることを考えるべきである。「モチベーションを高めてあげる」と、「モチベーションを高めるのを邪魔しない」は大きく違う。主体が違うのだ。社員がモチベーションを維持することの妨げにならないということは、「モチベーション０・０」が成立するための必須要件である。

個人中心主義や短期的思考を助長してしまう諸々の制度の問題もあるが、より直接的には経営者や管理職の行動スタイルなり、社員や部下に対する接し方に関する問題がある。経営者も管理職も、まずは「礼節」を重んじることが基本となる。ゆえに、本来はリーダーシップ教育などの前に、道徳教育が必要であろう。法令順守の倫理観というようなものではなく、それ以前の、互いを一個の人間として尊重すること、無作法な振る舞いをやめることなどの当たり前の道徳感である。

邪魔をしないことは実は難しい

経営者や管理職が、社員がモチベーションを高める邪魔をしている、あるいは社員のモチベーションを削いでいると聞いて、自分には当てはまらないと思われる経営者や管理職の人は多いかもしれない。しかし、実際には大多数の人は該当する。なぜなら、それが組織労働の特徴だからである。社員は全体像が見えづらい中で、自分の裁量ではなく上位者の指示命令のもとに仕事をしている。そのため、上位者は知らず識らずのうちに、組織上の権威に基づく言動で、部下のモチベーションに影響を及ぼしていることになる。

ひどい場合には、「人間扱いされていない」なんていう言葉となって表われることもある。実際、企業における従業員ヒアリングでは、度々聞く言葉である。状況を詳しく聞いてみると、それほど非人道的な状況ではない。にもかかわらず、なぜ、そのような極端な印象となってしまうのであろうか。それは、「尊重されていない」、「存在を認めてもらっていない」という承認に関わる点は、根源的ともいえる極めて強い欲求だからであろう。

私自身、部下から、「聞いているようで、聞いていない」というフィードバックを受けたことがあった。仕事柄、「傾聴」という点を念頭に、しっかり聞いている態度を常にとるようにしていたものの、ちょっと書類に目を落としたり、メール着信音につられてPCの画面に目をやったりすれば、途端にそのような印象になってしまうのだ。このように、モチベーションを削ぐことはいとも簡単になされることであり、上位者は一つひとつの行為について、部下のモチベーションに悪影響を及ぼすことのないよう十分に気をつけなければならない。

上位者に必要な礼儀なりマナーなりを考えた場合、三つの次元があると考えられる。礼節を重んじ、一人ひとりを尊重し、決してパワハラまがいの行為はしないということが第一の次元である。そして、第三章でも述べた上機嫌の振る舞いが第二の次元となる。自分自身、やる気が出ない時はいくらでもあるであろうが、**他人には悪影響を与えないように機嫌良く振る舞うことは同僚たちへの礼儀であり、社会人としてのマナーである。**そして第三の次元は、「公平性」に関わることである。モチベーションやリーダーシップに関わる要素として、いろいろなことが言われているが、その多くで共通しており、重視されているのは「公平性」である。特にモチベーションを高めるのではなく、モチベーションを削がないことを考える場合にはこの点は欠かせない。

日本人は特に、村落共同体の名残りか、「皆同じ」ということを心地良く思う傾向があり、そうでないことを過度に気にするきらいがある。言うなれば、不公平感を抱きやすい国民であるともいえる。小さな差でも相当に気にする。むしろ小さな差ほど気にするといってもいい。よって、「公平性」の観点については、特に日本人は極めて敏感に感じ取るため、モチベーションの障害となりやすい点なのである。

第六章　「モチベーション」から「つながり」の労働へ

「勤勉倫理」の衰退

前章において、モチベーションを問題視しない「モチベーション0・0」の働き方を提案した。そして、「モチベーション0・0」を成立させるための要件として、働き手自身の労働観の転換がまず重要と述べた。つまり、これまでの労働のあり方を牽引してきた「勤勉倫理」に代わる労働観の確立である。この点を考えるにあたって、まずは、「勤勉倫理」の衰退の経緯から振り返ってみたい。

高度産業社会から高度情報化社会に入り、効率性ばかりを追い求める時代になった。最小の労働で最大の利益を求めるようになったと言ってもいいであろう。かつて存在した、額に汗して働くことが尊いとされた「勤勉倫理」はいつしか忘れ去られ、単なる経済行為として軽視された労働だけが残った。

日本において、この「勤勉倫理」は、どのようにして薄れていったのか。一つには長時間労働と共に否定されるに至った経緯がある。「勤勉倫理」における「善く働くことがよいことである」という場合の「善く働く」とは、長時間労働を意味するものではなく、労働の質や働く姿勢を指したものである。しかし、労働の精神性が薄れると共に、それは長く働くことと同義として捉えられ、やがて長時間労働が否定されるに伴い、「勤勉」の価値観も薄れることとなった。

もう一つには、バブルの時代における価値観の変容という点が挙げられる。１９８０年代後半から１９９０年代初頭にかけてのバブル経済期において、〝財テク〟など、労働によらず楽して儲けることがもてはやされるようになり、額に汗して懸命に働く精神はあたかも時代遅れであるかのように捉えられた。こうして、「勤勉倫理」という価値観は徐々に失われていったと考えられる。

「何のために」を必要以上に考えない

「勤勉倫理」が失われた今、私たちは何ら労働観もないままに働いている。望ましい働き方を支える拠り所を失ったまま漂流している状態である。意味も見出せないまま、ただ収入を得るためだけに、日々我慢をしながら働いている人もいるであろう。一方では、「何のために働いているのか？」について考え過ぎるあまり、苦しい状況にある人もいるであろう。**現代は、仕事をするにあたって「何のために？」という迷いが非常に強く存在し、それは精神を疲弊させ、モチベーションの危機を招き、心の問題を引き起こしている。**

生活が昔に比べて豊かになり、〝食べていくための労働〟から解放され、ある程度の余裕が出てくると共に、労働にあたっての選択肢も多くなったことが、働くにあたっての迷いを生じさせている。鍛冶屋の息子は鍛冶屋、畳屋の息子は畳屋というように、家業を継ぐのが当たり前だった時代には、悩みは少なかったに違いない。もっと言えば、「食うために」という意味が薄れたことがそもそもの不幸のはじまりといえるかもしれない。懸命に働きさえすれば、なんとか生活できた、家族の生命を保てた、という状況においては、働く意味について疑問をはさむ余地はないのだ。

この点について、教育学者の齋藤孝氏は著書『日本人の心はなぜ強かったのか』（PHP研究所）の中で次のように述べている。

「食べるのに困る時代であれば、とりあえず明日のパンの獲得に必死にならざるを得なかった。それには四の五の言わずに働くしかなく、必然的に心の領域は狭くなった。むしろ自由を獲得して選択肢が格段に増えてしまったため、かえって悩まされることが増えてしまった。いちいち判断を要求される、と言い換えてもよい。これ自体が、大きなストレスである。その結果、些細な悩みや小さな傷の修復に時間を費やしてしまうことになる。その部分でいくら悩んでも満足な結果は得られないから、どうしてもうつむき加減になってしまう」

こうした状況は、一種の〝余裕病〟であるとも言っている。

マックス・ウェーバーの言葉を借りるならば、仕事を天職としてそれに専念できるのは、「世界と人生の意味について心身をすり減らす必要がなく、その分、そのエネルギーを職業労働にそそぎこめたから」であるとなる。

結局、あまりに自由であり、選択肢が多く、それゆえ迷いが尽きない状況は、心身を疲弊させるということだ。ある程度の制約があった方が心の安定が得られやすいということがある。余計なこと、齋藤氏が言うところの、「その部分でいくら悩んでも満足な結果は得られない」ことについて考える必要がないので、その分心の負担が減るというわけだ。

以前の日本には普通に存在した「職人気質」の特徴は、必要以上に考えないことにあるという。もの作りに対するこだわりや工夫はあるものの、考え過ぎずに手を動かし、手で覚えていく。齋藤氏も同書の中で次のように述べている。

「何も考えず、ただ手作業を自動化し、今日も昨日と同じように、明日も今日と同じように働く。こういう日々が何十年も続いた後、ひっそりと死んでいく。一つの仕事に職人気質で徹する人生は、心の安定という意味では非常に幸せといえるだろう。これは、日本という社会の穏やかさにも通じるものがある」

「勤勉倫理」はもはや現実的ではない

現代は、身体を動かさずに思考作業をすることが多くなった。思考はすぐに仕事以外の他のことへ移る。誰しも自分に最も高い関心を持っているので、自ずと自分のことを考えるようになる。するとやがて不安や不満でいっぱいになってしまう。ここから無用な悩みがはじまり、際限なく繰り返されることになる。

したがって、無用な悩みに心身をすり減らすことなく、日々、安定した心理状態で労働を行うには、「何のために？」を不問とするくらいの超越的な労働倫理が必要なのだ。労働そのものが尊いもので、善く働くことがよいことであるとした「勤勉倫理」のような労働観である。この労働観のもとでは、何の迷いも疑いもなく労働に邁進することができ、心の安定を確保したまま、充実した職業人生を送ることができた。とはいえ、すでにポスト産業化社会へと進んだ今、「勤勉倫理」を復活させることは、あまりに現代人の価値観と離れ過ぎている。

では、どのような労働観が候補となり得るのだろうか。労働の捉え方には大きく二つの方向性がある。所得を得るための手段、余暇を楽しむための収入を得るための手段と割り切る方向が一つだ。「労働」という奴隷の時間を堪え忍んで、「余暇」という人間的な時間を過ごすという、経済学の描く労働である。この場合、労働時間は少なければ少ないほどよいということになる。長い時間働くことには抵抗を感じるようになるのだ。しかし、一日8時間、週5日間としても、余暇の時間よりははるかに長い時間を労働に割いている現実に鑑みれば、この方向を労働における価値観とするには無理があると考えざるを得ない。

もう一つの方向は、生活の中心となるほど多くの時間を割いている以上、労働そのものに意味を求める方向である。「やりがい」や「自己実現」を求めていく方向だ。余暇との対立で労働を捉えるのではなく、むしろ余暇と同じような楽しさを労働にも求めていく方向である。現代社会は「自己実現」思想が覆っているといってもいい状態であり、この方向は不可避のようにも思える。労働を通して個人的欲求を満たしたいとする「自己実現の労働」の方向は現代社会において広範に現れており、知的労働の増加によってなお拡張の方向にある。

「自己実現の労働」は果たして可能か?

労働にそうした意味を求めることは、果たして可能なのだろうか。「自己実現の労働」は現代における労働倫理となり得るのだろうか。この方向は、個人中心の働き方を意味する。そのため、実施のプロセスにおいて、個人の裁量で進められることや、個人の欲求を満たし得る成果が挙がっていることが前提となる。しかし、組織における労働では、個人の裁量の範囲はごく限定的であり、規範や指示命令のもとに働くことが中心となる。また、成果を挙げるための能力を開発するためには長期間を要する。達成感を味わえる機会は、どんな仕事でもそう多くはない。辛さや厳しさ、挫折感を味わうことの方が多くて普通である。このように、企業社会において組織の論理で働いている中でこの方向を追求していくことは、やはり無理があるのではないかということが現実として感じられる。

社会経済学者の杉村芳美氏は、「自己実現の思想は、個人的・快楽的なもので消費行動的であり、企業中心社会における組織規範に基づく労働とは相容れない」との見解を示している（『「良い仕事」の思想』中央公論新社）。労働は組織の論理の中で与えられた役割をある制約の中で規範的に実践していくものであり、個人個人の多様な欲求を満たしていく消費行動の論理とは対極にあるということである。

加えて言うならば、自己実現については、その中身が曖昧だ。実現されるべき自己とは、どのようなものか。どのような状態が実現できれば、自己が実現されたことになるのか。自己が実現された状態の具体的なイメージがないまま、漠然と「何か違う」と思っているに過ぎないのだ。「自分に正直でありたい」という言葉は自己実現の思想を象徴するものとして度々聞かれる。それ自体、否定されるべきことではない。しかし、取り違えるとたいへんなことになる。**「心からやりたいと思えない仕事は続けられない」となってしまえば、やりたいことだけで成立する仕事はないので、できる仕事はできる仕事はなくなってしまう。**仕事は当然ながら、やりたくないことの方が多い。楽しいことよりも、たいへんなこと、辛いことの方が何倍も多い。そうした状況で、「これは私が望んでいた仕事ではない」と除外してしまえば、すべての仕事に適応できなくなってしまう。

こうした考え方はともすると、「やる値打ちのある仕事かどうか」といった〝仕事の値踏み〟ともいうべき姿勢になる怖れすらある。どのような仕事であっても、手抜きをせずに懸命に取り組むことが善いことであり、それ自体尊いことであるとする精神とは対極にある。**本来、仕事に優劣はない。それをつけるのは個人の欲求である。**

企業の側の姿勢も、短期的かつ個人的な方向へ進んでいる。短期的に業績を上げた個人には多くの報酬を払うとする制度などはその典型であろう。一方の個人の側も、個人的に短期的な充足を求めていく傾向が強まっており、共に足並みを揃えて誤った方向へ歩みつつある状況といえるのではないだろうか。

新しい労働倫理を求めて

では、「勤勉倫理」に代わる労働倫理を考えるうえで、満たさなければならない要件とは何であろうか。当然ながら労働倫理は、すべての労働に当てはまるものでなければならない。それは「勤勉倫理」と同様である。選んだ仕事が合っているとか、合っていないとかとは無縁である。また、経済・生産の領域の規範、組織労働の制約と矛盾しないものである必要がある。

すべての労働と共にあり、規範や制約のもとに行うことは、辛さや厳しさ、失敗や落胆、挫折と共にあるということだ。この点が「自己実現の労働」が満たせなかった点であり、短期的に個人の欲求を満たす方向とは相容れない点である。「短期性」と「個人主義」とは対極にある価値観となる。労働とは、自らの能力を開発し成長したり、他者と協力したり交流したり、相互に評価し承認し合ったりする活動である。これらは長期的な取り組みであり、個人として完結するものではない。つまり、労働倫理が満たすべき要件としては、「長期性」と「社会性」が不可欠なものとして挙げられる。

『スモール イズ ビューティフル』（講談社）という著書で有名な経済学者のE・F・シューマッハーは、『宴のあとの経済学（原題：GOOD WORK）』（筑摩書房）の中で、人間の労働の目的を示している。原題からも分かるとおり、シューマッハーは「人生の中心に据えられているのは、労働、仕事である」として、労働についてしっかりした考えを持つことの重要性を唱えている。次の三つを労働の目的として整理している。

1. 必要かつ有用な財とサービスを得ること
2. よき執事のように、各人が自分の能力を使って自己を完成させること
3. その場合、他人のために、他人と協力しながら行動して、生来われわれの内部にある自己中心主義から、自らを解放すること

生きるためには、人間は様々な財とサービスを必要とするが、労働なくしてそれらは手に入らない。また、この世に生を受けた人間は、ただ単に生きるのみならず、自己の完成を目指して働くべきである。そして、「めいめいが、いかなる能力を授かろうとも、それをお互いのために使わなくてはならない」としている。この言葉からも分かるとおり、キリスト教の教えが強く反映されている。

一つ目の「生活のため」という目的については、労働の基本的な目的であることは間違いないが、実利的なものであり、労働倫理とするような道徳観を伴ったものではない。既に誰もが認識している点でもあり、この点をさらに強調することは、「長期性」と「社会性」という点からしても良い結果は生まないものと考えられる。

したがって、働くにあたって改めて強く認識すべき点としては、二つ目の「自己完成」の点と、三つ目の「他者とのつながり」の点ということになる。この二点は、労働倫理が満たすべき「長期性」と「社会性」という要件にも適合する。

「自己完成」については、自己に関することではあるが、物質的欲求や顕示欲を満たす類のものではなく、労働という行為を通して自らの成長を図り、社会へ還元していく方向である。この「自己完成」の観点は、長期間かけて成長していき、やがて一定の域に達するということで、武道や茶道などの「道」に通じるものがある。何かを極めたいという欲求は、誰しも根源的に持っているものだ。ただし、「自己完成」という言葉は、「自己実現」のイメージを想起させがちであり、ともすると結果に目を向けがちであるため、よりプロセスに意識を向け自己中心的イメージから離れるためにも、この観点は「〝道〟としての労働」と呼びたいと思う。そしてもう一つは「他者とのつながり」である。労働の持つ社会性を表わしており、この観点を「〝つながり〟としての労働」としたい。この二点を「勤勉倫理」に代わる、「新たな労働倫理」として提示したい。

〝道〟を究め、〝つながり〟を重視する働き方

ハイパフォーマーに見る、モチベーションに左右されない働き方の特徴は「ルーティン化」であった。疑いを持たずに自然に身体が動くような仕事の仕方である。これはまさしく「〝道〟としての労働」を長い間続けた結果として行き着いた状態といえる。短期的な結果を求めたり、労働に短期的に意味を求めたりしては決して身に付くことのない習慣である。

また、彼らの多くは、社内外のネットワークが豊富に発達している。それと共に、何よ

りも身近な人たちを大切にしているという行動特性が特徴的に見て取れる。そのため、自分が何かを実行するにあたっては、精神的にも物理的にも十分な支援を得ることができる状態にある。この点は、二点目の「〝つながり〟としての労働」の観点であり、仕事の何たるかをよく理解しているがゆえの特性なのであろう。

心理学者のチクセントミハイは、生きていくための食糧を得るという労働の単純な目的が解決されるにつれ膨らんだ際限のない物質的欲求を克服し、心満ちた生活を実現できた人の特徴について、以下のように述べている。

「生き生きとした生活を送るこのような人々は多様な経験に対して自分の心を開いており、死を迎えるその日まで学び続け、他者や自分の生活環境と強い結びつきをもち、それらに自らを委ねている」

ここで述べられていることはまさしく、「〝道〟としての労働」と「〝つながり〟としての労働」の二点と共通する。

働くにあたって、この二点を普遍的な価値として意識することで、非生産的な無用な迷

新しい労働倫理

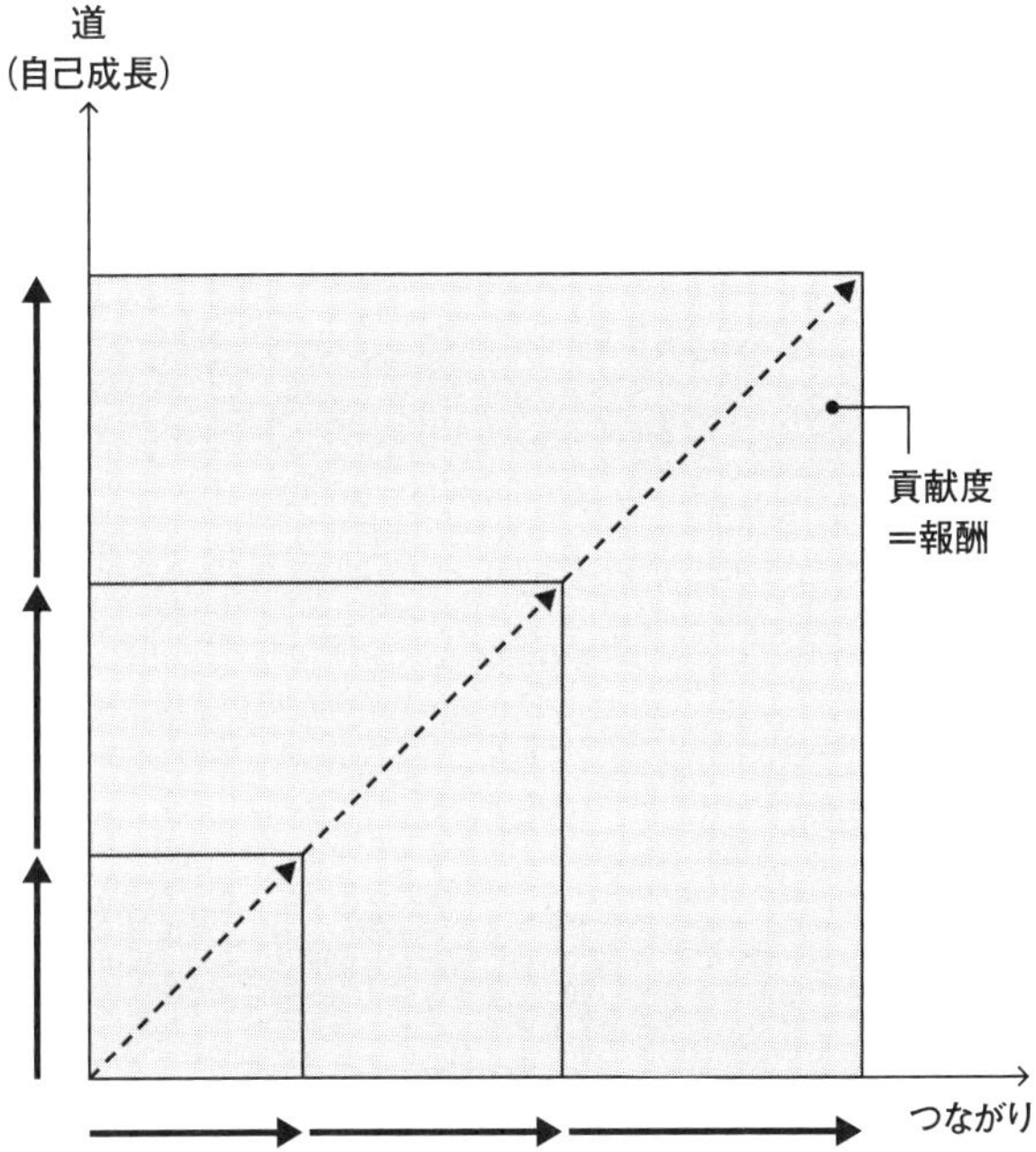

いを絶ち、安定した心持ちで仕事に邁進することが可能となると考えられる。そうすることで、モチベーションなどの気分に煩わされず、〝道〟を究めるため、そして〝つながり〟を充実させるための仕事ができる。その結果として貢献度が高まり、それに見合った報酬が得られることになる。

より高い報酬を目指して闇雲に突き進むのではなく、〝道〟と〝つながり〟を充実させていくことを目指すのである。前ページの図に示すとおり、〝道〟をタテ軸に、〝つながり〟をヨコ軸にして描いた象限のようなイメージである。タテ軸とヨコ軸とで描かれる四角形が貢献度であり、報酬である。〝道〟と〝つながり〟のそれぞれの方向を伸ばしていくことにより、四角形の面積が大きくなっていくのだ。報酬とは貢献度に見合った額が支払われるべきものである。処遇制度によってはタイムラグが発生し、一時的には貢献度と報酬とが整合しないこともあるが、中長期的には一致すべきものである。

この図は、仕事をするにあたって、〝道〟と〝つながり〟とに意識を向け、そのそれぞれを伸ばすことを考えて取り組むことによって、結果として貢献度が向上し、報酬がアップすることを示している。報酬を高めることに意識を向けて仕事に取り組むべきではないことは既に述べた。**貢献度を高めようと取り組むことは重要ではあるが、短期的な成果を**

意識し過ぎてしまえば、小手先に走りがちとなり、失敗する可能性を高めてしまう。また、実力も養われなくなる。長期的な視点で自己の成長を図る〝道〟の方向と、労働の持つ社会性の観点である〝つながり〟の方向とに意識を向けて仕事をしていくことが望ましいあり方であると考える。

仕事の壁は〝心の悩み〟ではなく〝技術的な悩み〟で乗り越える

まずは、「自己完成」なり「自己成長」を目指す、「〝道〟としての労働」の観点から述べていきたい。自己完成を目指す姿勢には、「未熟である不完全な自己」という認識がまずあり、労働を通して徐々に成長していく姿がある。それは、キリスト教の修道院における労働や仏教における作務《さむ》を通してある境地に達する姿とも重なる。

ここでいう〝道〟とはプロフェッショナリズムの方向とは少し違う。プロフェッショナリズムは、ある専門分野における秀でたスキルを習得することを目指すが、〝道〟は分野に関わらず、すべての仕事に共通した普遍的な領域における熟達を目指すものである。

うまくいかないことや失敗は当たり前である。それらの積み重ねで徐々に上達していき、ある領域に達する。武道や茶道など、稽古事も基本的に同じことの繰り返しであり、その中で徐々に磨かれていく。型や作法が厳格に決められており、**未熟な段階においては意味が分からないまま、あえてその意味を問うこともなく、ひたすら繰り返し行うことで型を身に付けていく。そうする中でそれまで見えなかったことが見えるようになり、徐々に意味が分かるようにもなり、それと共に自然に身体が動くようになる。**

辛くて当たり前、すぐには意味が分からなくて当たり前なのだ。労働自体、生涯を通して行っていく長期的な営みである。人は働くことを続けて、それぞれ自分なりに「働く意味」をつかむ。そういう意味では、自己実現も長期的な視野に立てば問題ないともいえる。生涯をかけてある状態を実現することになる。短期的視野で短絡的に何らかの結果を求めることが問題なのだ。

前章において、理想的なモデルとしての職人の働き方を見たが、職人仕事には、この自己成長の観点が色濃く存在している。技を極めるということへのこだわりが強く、たとえば、「この仕事は自分にしかできない」というようなことに特に強い誇りを感じる傾向がある。そのため、無理難題を言ってくる客は有り難い存在であるという気持ちも起こるという。それをきっかけに工夫を重ねる中で、できなかったことができるようになる、そうした自己成長の喜びを一つの糧としているのだ。

仕事である以上、何度も壁にぶつかることはあるであろうし、職人の仕事などはその連続といってもいい。しかしそれは、いわゆる「心の悩み」ではない。技術的に乗り越えればいいだけの話だ。つまり、仕事上の悩みといっても、「技術的な悩み」と「心の悩み」とがある。精神を疲弊させるのは、人間関係など「心の悩み」の方である。良好な関係の中で、どのように技術的な壁を越えられるか、喧々諤々《けんけんがくがく》議論するプロセスは苦しいどころか、むしろ喜びであろう。決して精神を疲弊させたりはしない。

「精神バランス論」

「精神」と「身体（習慣）」と「心」を人間を形成する三要素とする「精神バランス論」という考え方を、齋藤孝氏は前述の著書の中で紹介している。その中で、今や「精神」と「身体（習慣）」が隅へ追いやられ、「心」の領域が肥大化していることが問題であると指摘する。

心が精神と身体（習慣）でしっかり支えられている状態が、心が強い人であり、心が肥大化し、精神と身体（習慣）が縮小している状態が心が弱い人である。天気のように移り変わる「心」に振り回されれば、うつ状態になったり躁状態になったりする。これが心の肥大化である。「心の問題」を抱える人が増えていることは、それだけ日本人の「精神」と「身体（習慣）」が弱っていることを意味しており、歯止めをかけなければならない。「精神」と「身体（習慣）」を鍛え直すことで、それらの領域が大きくなれば、「心」の領域は狭くなる。心の負担領域を減らすことができるのだ。この「精神」と「身体（習慣）」を重んじる考え方は、「〝道〟としての労働」と通じる。

「心」とは、個人的な感情や気分であり、「楽しい」とか「つまらない」とか、「辛い」、「嫌だ」といった感覚である。「やる気のある・なし」といったモチベーションはここに入る。一方、「精神」とは、たとえば「大和魂」や「武士道の精神」や「儒教の精神」など、共同体や集団によって共有されるもので、個人にとってはある種の外部圧力であるという。ここでいう「精神」とは、昨今「精神論」という言葉で語られがちな中身のない空疎なものとはもちろん異なる。

「心」は揺れ動き、傷つきやすいが、「精神」は長い年月をかけて培われてきたものであり、共同体によって共有されているものなので安定している。そして「身体（習慣）」は「精神」と結びついており、精神をつくる際には、常に身体や習慣とワンセットであるとし、齋藤氏は次のように述べている。

「もともと日本人は強い精神を持っていた。（中略）それは、身体の動きと強く結びついていた。禅やお茶の作法しかり、武道の礼しかり、あるいは漢文の暗唱しかりである。受け継がれてきた伝統を重んじ、身体の動きを『型』にはめることで、その精神を身につけたのである。もともと日本が得意とする〝型〟の文化は、同時に精神の文化でもある」

仏教の修行なども、様々な作務の日課をこなす中で、身体（習慣）をつくるとともに、精神を養い、心の領域の肥大化を防ぐ行為ともいえるのであろう。

現代の労働においては、身体的習慣を身に付け、精神を養う機会が少なくなっている。直接生産にたずさわらない労働、身体的な動きを必要としない頭脳労働が増大し「精神労働化」している。

また、かつては共同体として精神の柱となっていた会社組織は今や弱体化している。西欧では、キリスト教という巨大な共同体の精神があるが、日本ではそういったものはなく、かつては企業が精神の一つの柱となっていた。しかし、リストラによるスリム化や雇用の多様化は共同体を縮小させ、共同体意識を希薄化させた。企業への忠誠心が低下すると共に「精神」も小さくなり、「心」の肥大化に歯止めがかからなくなりつつある。

「山一マン伝説」に見る共同体の精神

「精神」については、今ひとつ捉えづらさがあると思われるので、一つ例を挙げたい。会社のDNAと言われるようなことは、まさしく共同体としての会社の「精神」である。かつて四大証券の一つであった山一證券は1997年に自主廃業に追い込まれた。しかし、その時に元社員たちが見せた仕事ぶり、山一マンとしての精神性は、「山一マン伝説」として語られた。

「1997年11月自主廃業を申請した後、会社を整理し、顧客を保護するために、山一證券の役員と社員7000余人が見せてくれた責任感と顧客サービスの姿勢は感動を与えた」という記事が、韓国紙の『東亜日報』にも掲載された。

これと時を同じくして、韓国でも金融危機が起こり、金融業界をリストラの波が襲った。この時、外資に買収される金融機関では、業務妨害のために集団辞表を提出するなどに留まらず、コンピュータの電源を遮断したり、鍵の暗証番号を変更したりするなど、引き継ぎ作業を困難にする行為がなされた。韓国では、こうした自国の状況との比較で、廃業が決まった後も黙々と精算作業に取り組んだ山一マンたちの立派な態度は、感動をもって受け止められた。

いつ会社を辞めるか分からないが、出退勤を忘れて数日ずつ夜を徹しながら業務を続けて倒れた社員も少なくなかった。そのうち過労死で亡くなった経理課長（当時38歳）の父親が、「幹部は最後まで最善を尽くさねばならず、顧客と会社のために死んだなら、それほど悲しむことでもない」と淡々と語ったことが紹介されていた。

経営陣の間違いを縷々《るる》謝罪した会社側は、ただちに全従業員の25％を超える２０００余人に対し解雇を通告した。しかし、大部分の従業員はひと月以上自ら申し出て会社に出て業務を終えてから離れた。役員全員も清算作業のために無報酬で3月末まで働き続け、最後の株主総会で株主たちにまた謝罪した。社員たちは「山一マンだったことを誇りに思う。しかし、顧客を苦しめたことを反省している」という言葉を忘れなかった。

山一證券の元社員に見られたような、個人の利益を度外視した行動は、まさしく共同体の「精神」のなせる業である。個人の「心」が先立ってしまえば、先々の不安は大きいわけだから、一刻も早く会社を去って再就職活動にいそしむはずである。昨今、会社に勤めながらも転職活動に精を出すサラリーマンたちと何がそこまで違うのであろうか。昔の話というほど時代の違う話ではない。つい15年ほど前のことである。確かにその間にも、会社の姿勢が変わり、個人の価値観が変わったということもあるであろう。先に見たように、「モチベーション」という言葉や「職場のうつ」という言葉がメディアを賑わせるようになったのはこの10年ほどのことである。

加えてもう一つ、会社という共同体の精神をつくるにあたっては、経営トップの存在がやはり大きい。山一證券の最後の社長である野澤正平氏が自主廃業を発表する会見の場で、「みんな私ら（経営陣）が悪いんであって、社員は悪くありませんから。どうか社員を応援してやってください。優秀な社員がたくさんいます、よろしくお願い申し上げます、私たちが悪いんです。社員は悪くございません」と男泣きに泣きながら社員をかばった姿はまだ記憶に新しい。野澤氏はその後も5年以上もの間、元社員の再就職の支援をし続けたという。

身体（習慣）の力

「身体（習慣）」についても補足しておきたい。齋藤孝氏は、「毎日会社に行くのは当たり前、学校へ行くのは当たり前、サボるという発想がなかった。気分に関わらず必ず行った。その習慣の力が大きかったため、気分とは関係なく、社会に合わせて自分も動いていた」と、高度成長期の時代にはまだ習慣の力が大きく残っていたと指摘している。しかし、生き方が多様化し、働き方も多様化し、自己中心的な価値観が蔓延することで、気分が優先されるようになった。「自立した個人」と言えば聞こえはいいが、そうすることによって幸福になったかといえばそうではない。習慣の力が弱くなり、心の問題が多発するようになったのだ。

精神と習慣の占める領域が大きい人は、日常的な自分の気分や感情に左右されない。何もしないでじっとしていると、自然に心は肥大化するという。考えてみれば、昔の子供は、家庭内で何かと役割があった。たとえば学校へ行く前に、玄関や家の前の掃き掃除をするなどのお当番があり、それが終わったら学校へ行く。今はそういうものがないので、朝起きてから学校へ行くまでの間、「学校へ行きたくない」という感情と向き合うことになる。身体の習慣がないことで、心が肥大化している状態だ。

"技"を盗んで自分のものにする

「"道"としての労働」とは、長期的に自己成長を目指す働き方であると述べた。企業での能力開発においても、短期的に習得できるものは多くはない。長期的な視点と忍耐が必要である。手本とすべきロールモデルが近くにいる場合などは人材の成長スピードが上がることが多い。しかし、なかなかそのような環境に恵まれる人は多くはない。周りは反面教師ばかりだと嘆きたい人も多いであろう。

あるメーカーで分析の対象となったハイパフォーマーの中に、典型的なバランス型の人材のNさんがいた。ハイパフォーマーの場合、際立った強みのある人が比較的多いものだが、Nさんは何らかの強みで勝負するタイプではなく、これといった苦手分野を持たず、どんなことでもそつなくこなすことが特徴のバランス型の人材であった。そうしたタイプらしく、周囲に安心感を与えており、上司からの信頼も厚かった。

ハイパフォーマーとはいえ、得意ではない業務の一つや二つは普通あるものだが、Nさんは本人に確認しても「現状においては特にない」と言う。どのようにして、すべての点において高いレベルで遂行できるようになったのか、その経緯を聞いてみた。

その会社では、管理職に求められる七つのコンピテンシー（行動特性）を定めていた。

Nさんはその七つのコンピテンシーのそれぞれについて、見習いたい人を決めて、いわば〝技〟を盗んできたのだという。要するに、一人のロールモデルではなく、コンピテンシーごとのロールモデルということだ。確かに、全体としてはロールモデルとはならなくとも、あるコンピテンシー、たとえば「対人影響力」であるとか、「情報収集力」であるとか、「戦略的思考力」など、それぞれについてであれば、それらの点に秀でている人は必ずいるものである。数名をロールモデルと決めて観察、いわばベンチマークしてきたのだ。実際には、一人の人が二つのコンピテンシーに優れているなどの重複もあり、一定期間ベンチマークし続けたのは4名の先輩や上司、うち1名は後輩であったという。

そういう努力が背景にあったことを知り、当初Nさんが苦手で、その後うまく克服できた点を聞いてみた。「対人影響力」などはその典型であったという。たとえば、「上に対して意見する」という点など、特に苦手としていて、意見はしたいものの意見すると直接的に言い過ぎるためか、必ず波風が立っていた。曖昧に言えば、相手にもされずに無視されてしまう。まったくどうにもならなかった。しかし、それが実にうまくできる先輩がいた。波風を立てることなく、嫌われることもなく、そういうことが自然にできていた。

いったいどうしたらそんなことができるのか。その先輩を何度も観察しているうちに、その人の〝技〟が分かるようになった。「聞かずに観察して盗む」のが自分流、また、形から入るのも自分流だという。言葉で聞いてもそのとおりにはできないのでダメなのだという。自分でできるというまでにはだいぶ距離があって、かえって挫折しやすい。そうではなく、**表情や身振り手振りといったしぐさを観察し、とりあえず同じようにやってみる。それを繰り返すうちに、そのようにしている時の自分の気持ちや相手の反応などから、なぜそうするのが効果的なのかがストンと理解できることがあるという。それをまた何度も繰り返し、自分のものとしていく。**

そのようにして、苦手分野の一つひとつを克服し、オールラウンドプレーヤーになったのだった。学ぶは〝まねぶ（まねをする）〟とよく言われるが、上達の早い人はこのような能力に長けている。とはいえ、苦手分野の克服には、自分流の習得法への自信やストイックといえるほどの忍耐力がなければ、なかなかできるものではない。

現場で汗を流すことが「当事者意識」をつくる

メーカーでは新入社員研修の一環として、工場研修や販売店での販売実習などを一定期間行っている企業も多い。多くの新入社員は気が進まないであろう。私は、そうした現場系の研修について少々興味があり、よくメーカーの人事部の人たちにその様子を聞いてみたりする。すると、そうした現場研修については、皆だいたいは文句を言わずにやっているものの、その取り組み方には個人差が大きいという。新入社員を預ける現場の管理者の評価が大きく分かれるのだそうだ。

生産現場出身のある人事課長は、その後伸びるかどうかは、「考えずに手を動かせるかどうか」であると言っていた。「考えずに」という点が気になり、その理由を聞いてみると、「当事者意識をつくる」という観点であることが分かった。結局、「問題解決ができるかどうかは、当事者意識があるかどうか。他人様の意識では現場と同じ目線では考えられない。他人事として評論するだけに終わり、上滑りしてしまう。頭で理解しようとするが、当事者意識をつくるうえでは、四の五の考えずに最低でも数ヶ月間一緒に汗を流すしかない」と、おおよそそういうことだった。

言葉では表わせない、説明できない〝暗黙知〟を身体で体得するということに近いのかもしれない。また、組織の規範を習得するという言い方もできるであろう。ある会社に入ったならば、その会社の規範は必ず受け入れなければならない。所与のものとして、受け入れることは当然である。もちろんそうしたものは何かしら書き物にもなっているであろうが、それを読んだだけで習得できるものではない。その組織の中で組織の一員として働いていく中で、身体の一部として習得していくことができるものである。そしてそれは、一番色濃く表われている現場においてこそ、効果的に習得できるものなのである。

基本に忠実であることが信頼につながる

〝下積み〟はどんなことにも必要である。中高年社員が自らの下積み時代について、あまりに誇張して自慢げに話すことが多いせいか、若年社員は〝下積み〟という言葉に対してあまり良い印象を持っていないとも聞く。しかし、スポーツに喩えれば、いわば基礎体力づくりの部分であり、必要でないはずはない。陸上競技など、身体能力に優れていれば、自己流であっても一定のところまでは記録は伸びる。しかしやがて壁にぶつかり、それ以上は伸びなくなる。当初は自分より遅かった選手でも、しっかり基礎を修得した者にやがて抜かれ、追いつくことはできなくなる。

以前、ある外資系企業のクライアント（顧客企業）で、その企業の担当として指名したコンサルタントについて、「彼は基礎はありますか？」と聞いてきた人事部長がいた。ギクッとすると共に、その物言いにピンと来て経歴を聞いてみると、やはり数年前まで同業者であったということだった。

コンサルタントという職業は、チームで仕事をするとはいえ、個人の力量の差は大きく、誰が主として担当するかで成果が左右される面も大きい。クライアントの方からすれば、担当するコンサルタントの力量は気になるところである。しかし、普通はそのような聞き方はしない。「彼は何年選手ですか？」とか「この仕事に就いて長いですか？」という聞き方になる。しかし、長くやっていれば実力があるとは限らない。前職において自らもコンサルタントの育成で苦労した経験のある当の人事部長はそのあたりをよく分かっていた。基礎がしっかりできているかどうかが重要なのである。

コンサルティング会社というところは、比較的自信家の人が集まりやすい職場なのかもしれない。自己流に走ってしまいがちな人も多い。自己流の人でも普段はさほどボロが出ないものの、苦境に陥ると弱い傾向がある。たとえば、クライアントが期待したアウトプットと違っていたことでクレームとなるような場合などだ。そういう場合は、今一度クライアントのニーズを確認し、どの点で認識のギャップが生じたのかを突き止めることからはじめるのが常道だが、自己流の人はそういうプロセスを踏まないことも多い。自分の主張する方向へ強引に誘導しようとしたり、「このアウトプットで満足しないのなら、これではどうか」と言わんばかりに、また違った観点からのアウトプットを再提出したりする。そのような場合、たいていは益々クライアントのニーズからはかけ離れていくことになる。

しかし実のところ、クレームになる、ならないは、アウトプット以前に決まっているともいえる。それ以前の信頼関係づくりにあるということだ。その点をおろそかにしてしまうのも、基礎のないコンサルタントに多いパターンである。

たとえば、クライアント側の担当者の話を聞く際に、メモをとりながら、また効果的な質問をしながら耳を傾け、ひとしきり相手の話が終わったら、メモを見ながら要点を整理し、自分の理解がずれていないかを確認する。こういう当たり前のことの積み重ねがクライアントの信頼を得ることにつながる。こういう行動を見て、クライアントは安心感を抱き、そのコンサルタントを信頼するようになる。しかし、極端に悪い場合には、メモもとらずに聞き流して、自分の言いたいことだけ言って帰ってくるという行動となる。こうなると、アウトプットが少し期待と違っていただけでも、「やはりこちらの話をきちんと聞いていなかったからだ」と一気に不信感が膨らむことになる。こうした行動特性を下積み時代にしっかりと習慣化していることはたいへん重要なことなのだ。

かつてシンガポールへ、アジア地域のディレクターとして赴任した時のこと。赴任してまだ間もない頃に、現地の若手コンサルタントのS君に同行して客先へ出かけたことがあった。シンガポールオフィスでは、社歴の浅い若手のコンサルタントが多かったこともあり、またシンガポール人に対する多少の偏見もあったのかもしれないが、コンサルタントとしてのレベルは東京のコンサルタントに比べればだいぶ劣っているに違いないと勝手に思い込んでいた。

しかし、S君は先に述べたような基本行動を完璧にこなしていた。それはもう気持ちいいくらいに基本どおりであった。やはり、しっかりとクライアントの信頼を得ているようであった。驚きと共に感動もし、一瞬でシンガポールのコンサルタントたちを見る目が変わったことを覚えている。いったいどのようにして、そのようなコンサルティングスタイルを身に付けたのか聞いてみたところ、先輩であるD君から学んだのだという。D君というのはS君よりも2年早く入っただけでベテランというわけではなかったが、中堅として活躍していた。そのように、先輩が後輩をしっかり躾けるという循環ができていたのだ。S君は私に対しても、「何か直すべき点があったら、教えて欲しい」と貪欲であった。私は、「S君のように基本がしっかりしているコンサルタントは東京にもあまりいない」と正直な感想を述べざるを得なかった。

仕事のプロセスも満足も一人では完結しない

仕事とはおしなべて他者を相手にして、他者と協力して行う活動である。たとえ職人の仕事でも、物に向き合っているだけでは完結しない。仕事を獲得し、客の要望を聞き、完成品を届け、代金を回収する。一人の世界で完結するような仕事は存在しない。研究開発に関わる巨額の報酬要求に関する係争事件などを見ると、労働の目的は金銭的報酬であるとする労働観を基盤としていると共に、仕事が個人で完結しているとの思い込みが窺える。行き過ぎた自己中心性がそこにはある。

確かに現代は、労働も個々人の主体的な活動と考えられがちな傾向にある。外資系金融機関における高額報酬なども、その方向に拍車を掛けた可能性はある。PCに向かったワークスタイルの中で、デリバティブ取引などで多額の利益を会社にもたらした場合の報酬は、組織で働いているという感覚を容易に麻痺させてしまうほどのインパクトをもたらした。しかし、むしろIT化によりネットワークでつながるようになればさらに、関係者数は飛躍的に拡大する傾向にある。

仕事のプロセスそのものが自己完結していないということばかりではない。精神的な満足も喜びも、他者との関係なしには成立しない。私は20代後半のある時期に、「砂を噛むような」としか言いようのない仕事を経験したことがあった。その時の上司は部下それぞれの強みを見出すことに長けていた。データを分析してグラフにまとめることに長けている者や、関連する情報を広く収集することに長けている者などがいた。

　私はといえば、ある概念を図として表わすことを比較的得意としていた。その上司は、レポートを作成するにあたって、各人に各パートを割り当て、それらを集めてつなぎ合わせ、手を加えて完成させるのであった。私は毎度毎度、概念図の作成を命じられた。それを作るにあたって必要な情報のみを与えられ、2、3枚の概念図を作成し、提出する。その上司にとっては、各人から出てくるものは材料に過ぎないので、それらに対してよほど期待はずれでもない限り、特にコメントをすることもなく引き取っていた。客先に一緒に行くわけでもないので、客の反応も分からない。自分がしていることは、単にある情報をもとに図柄を作っているだけであった。

　唯一、仕上がったレポートは皆に配られたので、それを見てはじめて全体像を理解でき、また自分が作成した概念図の使われ具合によって、上司のそれに対する評価を窺い知ることができた。そのようなことを繰り返すうちに、私はいつしか個人の作業工房を営んでいるような錯覚に陥ったりもした。作業工房といっても、客に会うことなく、必要な情報が送られてきて、仕上がった物を送るだけの仕事である。自分として今回はうまくできたとか、できなかったとかの感想は持つが、それに対して誰からの何らのフィードバックもない。誠に味気ない日々であった。

自分が精神的に満足を得るためには、どうしても他者の存在が必要なのだ。しかも、自分が重視する他者の存在がなければならない。いくら自分でいいものができたと思ったところで、それで精神的に充足されるものではない。分業化により仕事が個人で自己完結しない場合はなおさらである。

「人の役に立ちたい」、「世の中のためになることをしたい」という意識の高まりが近年見られるが、これも他者からの認知を求めていることに変わりはない。精神的な満足というと、物質的な満足と比べ何か次元が高いように感じられもするが、個人的な欲求の追求であることに変わりはない。しかもそれを満たすためには他者の存在がより必要とされる。他者の承認や評価があってはじめて成り立つのである。

“つながり”のみが成功を約束する

ビジネス上最も重要なことは、とにもかくにも「他者とのつながり」であるとする経営学者は多い。それは「コミュニケーション」という言葉や「対人関係力」という言葉で表わされたりもする。「他者とのつながり」のみが成功を約束すると言っても誇張し過ぎではないであろう。**つながりができていれば、必要な情報も入り、必要な支援も得られ、生産性も高まる。信頼関係のある者同士での取引は余計な手間が掛からず、経済学で言うところの「取引コスト」も格段に少なくて済む。加えて、「他者とのつながり」はストレスを軽減し、幸福感を増す。精神的にも物理的にも、つながりは自分の活動を支えてくれるのだ。**

また、さらに重要なことは、濃いつながりのある人がいる場合、その人の成功なり幸せを考える。仮にチーム内にそういう人が何人かいれば、チーム全体のことを真剣に考えるようになる。結果、コミュニティ意識が高まり、同時に自分事に煩わされなくなる。逆に言えば、つながりなくしては、そうした意識は高まらないということだ。組織の中で働いていて最も幸福な人は、優秀な人でも、業績の良い人でもなく、豊富なつながりを有している人である。自分のことで精一杯であり、他者とのつながりを怠れば、自らをますます苦しい状況に陥らせることになるのだ。

ある件に関して誰かに説得をすることを考えた場合、非常に信頼し合っており、自分に好意的である人を説得する場合と、信頼関係のない相手を説得する場合とでは、精神的負担も物理的負担もまったく異なることは容易に想像できるであろう。どんなに十分な根拠の基に理路整然と話しても、相手にまったく響かないということがある。

話す内容よりも共感を得る下地づくりが大事

私もかつて苦い経験をしたことがあった。以前に勤務していたコンサルティング会社で、自社の人事制度改定を主導し、その説明を社員にした時のことである。その改定は、過去から長期にわたって見直されてこなかった給与水準を市場水準に合わせて上方修正するものだったので、どう考えても社員にとって悪い話ではなかった。実際、私が担当していた部門への説明では何らの問題もなく受け入れられた。その改定に手をつけたことについて感謝されたくらいだった。

しかし、普段ほとんど接点のない部門での説明では、反応はまったく違った。どう考えても完全に〝アウェイ〟の空気だった。疑いのまなざしをもって皆、私の説明を聞いていた。幸い、その中でも〝サポーター〟が二人いたことにより、なんとか切り抜けることができた。〝サポーター〟というのは、ソフトボール部という課外活動での仲間であった。

ソフトボール部では、何の利害もない中で野球好きの者たちが自主的に参加して週末に一緒に汗を流していた。そこでは、仕事上はなかなか築けないほどの強い信頼関係を築くことができた。彼らが献身的に説得をしてくれて、事なきを得たのだった。その時に、コミュニケーションが成立するには、話している内容がどうかということよりも、共感を示す準備ができているかどうかが肝心なのだということに改めて気づかされた。ソフトボール部の仲間である二人とは十分な信頼関係ができていたので、彼らは私の話を聞く前から、同意し支援することを決めていたのである。

この教訓はその後も至るところで活きた。仕事柄、企業の人事制度再構築の支援をした際に、社員説明会などで新人事制度の説明をする機会も多かった。そのような時には、自分自身のこの仕事に対する思いを伝えたり、自分の会社の制度改定時の話をしたりするなど、まず何よりも参加者たちが共感しやすい環境づくりに腐心するようにした。

誰しも変化には抵抗がある。ましてや生活に関わる人事制度の改定など、できればして欲しくないことだ。ただでさえ、心理的抵抗感でいっぱいの状況である。普通に説明をすれば、内容に関わらず反感を持たれることは分かりきっている。そこでいかに警戒されずに、改定の目的やコンセプトを分かってもらうか。内容を伝える以前の、その場での関係づくり、いわば心理的距離を近づけることに全精力を注ぐようになった。

組織原理の衰退と〝つながり〟としての労働

「〝つながり〟としての労働」は、今後の働き方を考えるうえでは、特に重要性を帯びてくる。今後、組織原理が衰退してくるにつれ、階層的な組織を前提とする硬直的な人間関係ではなく、より流動的な人間関係を前提とした働き方となってくると考えられる。

グローバル化による企業規模の拡大は、組織としての求心力を弱め、組織原理を衰退へと向かわせる。グローバル化はまた、国内の知的労働化を促進する。工場労働と違い、知的労働は階層的秩序によらないフラットな共同作業となるため、組織原理からは遠いものになる。加えて、雇用形態の多様化や、女性や高齢者のこれまで以上の労働参加など、労働者の多様化もこの方向を促進する。

『脱工業社会の到来』（ダイヤモンド社）の著者、ダニエル・ベルの言葉を借りれば、工業化以前の社会では人間は自然を相手に働き、工業化社会では機械を相手に働いたのに対して、ポスト工業化社会では人間は人間を相手に働くことになる。より多くの人間がサービス労働や知的労働など、人間に指示・命令し、管理する仕事に就くことになる。労働の人間関係そのものも階層的な規範的なものではなくなり、フラットで緩やかなものとなる。

組織も雇用も流動的になる中では、これまでのような安定した長く続く人間関係の中で働くのではなく、多様な人たちと早期に関係をつくり、組織のルールに基づかないコラボレーションをしていく必要がある。信用のできる人間であること、この人と付き合うとメリットがあると思わせられることが不可欠となってくる。

劇作家で評論家の山崎正和氏は、こうした人間関係を「社交」と呼んでおり、組織社会から社交社会への転換が起こると述べている。

「総合的な社会観も共有しない人びとが集まるためには、たえまない合意形成の努力、対話と説得、相互理解と譲歩の積み重ねが必要になる」、そうした中では、「集団への忠誠心ではなく名誉心によって、義務ではなく友情によって結ばれるのであるが、そういう人間関係が社交にほかならない」

（『社交する人間』中央公論新社）

また、労働の成果それ自体がこれまでとは異なり、消費者の満足とか一緒に働く人たちによる賞賛とか、人間関係の中で心理的に決定される価値に変わるとし、「幸福な人間関係をつくることそれ自体が労働の価値になる」との予測を示している。

このように、流動化が進む人間関係の中においては特に、労働にあたって〝他者とのつながり〟という点を強く意識して取り組まざるを得ない状況になると考えられる。それと共に、この観点は自己中心性が強まる近年においては、職業生活における回復すべきバランスの方向を指し示しているといえるであろう。

「非常に幸せな人たち」には強固な人間関係がある

「つながりが重要である」ということに対して、「そんなことは分かりきっている」と言うかもしれない。しかし、本当だろうか。**仕事が立て込んでくると、仕事以外のことが見えなくなり、対人的な付き合いを絶って、孤立していく傾向はないだろうか。会社も業績が厳しくなると、職場での懇親会の費用や課外活動の予算など、つながりへの投資をバッサリと切ることはないだろうか。**

ポジティブ心理学の第一人者であるショーン・エイカーは、著書『幸福優位7つの法則（原題：The Happiness Advantage)』（徳間書店）の中で、「周りの人たちとのつながりが最も大事なときに、人はどうしても自分の殻に閉じこもってしまいがちだ」と指摘している。

成功している人たちは、これとは正反対のやり方をするという。「内向きに引きこもるのではなく、周囲の人々との結びつきをさらに堅固なものにする。人間関係を切り捨てるのではなく、そこに投資する。そういう人たちは幸せであるだけでなく、仕事の能率も高く、没頭でき、エネルギッシュで、失敗からの立ち直りも早い」ということをいくつかの研究結果を基に述べている。

最も幸せな上位10％に入る人たちの特質を調べた、「非常に幸せな人々」というタイトルの研究がある。幸せな人たちというのは皆、温暖な気候の土地に住んでいるのだろうか、経済的に裕福なのだろうか、健康に恵まれているのだろうかということを調べた結果、最も幸せな上位10％の人たちを、他の人たちから区別している特質はたった一つであるということが分かった。それは、「強固な人間関係」だった。

心理学者のエド・ディーナーらは、「幸福」に関するここ20年ほどの、異文化も含む膨大な量の研究結果を調べた。共著書の中で「人が生き生きと暮らすためには、食物や空気と同様に、他者とのつながりが欠かせない」と結論づけている。信頼できる人間関係、つまり夫や妻、家族、友達、同僚などに囲まれていると、人は感情的、知的、身体的リソースを何倍にもすることができるからだ。良い人間関係を持っている人は、挫折からも早く立ち直り、多くを成し遂げ、人生の意義をより多く感じることができるのだ。

良好な社会的つながりができると、喜びを生じさせるホルモンといわれるオキシトシンが血中に放出され、不安をたちまち鎮め、集中力を増すのだという。また社会的絆のそれぞれが、心臓血管系、神経内分泌、免疫のシステムを活性化するので、そういう絆を数多く持つほど、頭も身体もより良く働くようになる。

人との関わりは深くなくていい

前章で紹介した「対人交渉」の達人は、10人近くもの人と常に緊密な関係を維持しておくことについて、「当初は処世術のようなつもりでやっていたので面倒を感じていたが、最近はそうしていた方が〝自分としても気分がいい〟ので普通にそうしている」と言った。つながりが身体をも活性化させているのである。職場において人との絆を多く感じている人は、多くの情報が入るということに留まらず、集中力が高く仕事の効率も良く、発想力も創造性も高いのである。

人との関わりは必ずしも深いものでなくてもいい。たとえ短時間のふれ合いでも「上質のつながり」になり得るのだという。「どんなふれ合いも、上質のつながりになる可能性がある。ひとときの会話、一通のメールのやり取り、会議中に感じられたつながりが、双方に気力の充実を感じさせ、足取りを軽くし、行動の幅を広げる」とショーン・エイカーは言う。人とのつながりの一つひとつが、利益を生じる。MIT（マサチューセッツ工科大学）の研究者がIBMで働く2600人の社員を1年間追跡調査した結果、社会的つながりが多い社員ほど業績が良く、人間関係の広がりの違いを数量化したところ、平均してメール1通が約948ドルを売り上げる効果に相当したという。

「仕事上の試練とストレスを切り抜けて成功するために不可欠なことは、周囲の人々とのつながりを失わないこと」なのである。**成功している人ほど、つながりに投資をし、業績の良い企業ほどその重要性を認識し、つながりへの投資を積極的に行っているのである。**

幸福な労働へ向けて

最後に、新たな二つの労働倫理に基づく労働の意味について整理してみたい。「〝道〟としての労働」を意識するとは、「〝つながり〟としての労働」を意識するとは、どういうことか。どのような働き方をするということなのか。「意識を向けるべき点」と、「その結果として実現される点」を分けるという発想がまず重要だ。

行為の結果として保有している能力が発揮され、貢献度が高まる。またその結果、それに見合う報酬が得られる。しかし、高い報酬を得ることや、自らの能力を存分に発揮して活躍することに意識を向けて活動するわけではない。そこを意識することで高いモチベーションが維持でき、良い結果を得ることができるならばよいが、そうはならないから心の問題をはじめ現状の問題が存在するのだ。短期的な視点で行動をすることになり、実力が養われづらくなる。また自己中心的な行動となることで、他者との関係が思わしく構築できなくなる。望んだ結果を短期的に得られないことで、モチベーションが問題となり、さらに状況を悪くする。仕事の意味や自分の選択について思い悩むことになり、答えのない悩みを抱え続け、やがては心の問題を引き起こす。

ホームランを打つことを意識してバットを振る場合、内野フライとなることが多い。それを繰り返すうちに自分のスウィングを忘れてスランプに陥り、抜け出せなくなる。そうするうちに、野球は自分には向いていないのではないだろうか、などの迷いが生じてくる。良いスウィングをすることに常に意識を向けてバッティングをし、自分のスタイルを確立していくことを目指す、またチームの中で自分の役割を認識して、チームに貢献するようにプレーする。そうしたことを繰り返していく中で実力が養われ、自分なりのスタイルが確立でき、自然に身体が動くようになる。また、仲間との良好な関係は力の発揮を後押ししてくれる。どこに意識を向けてプレーすることが良い結果を導くのかが重要である。

職業人生においては、堂々巡りとなるような答えのない悩みを抱え続けることなく、モチベーションなどの気分的なことに煩わされることなく、安定した心持ちで仕事に取り組みたいものである。ホームランを狙ってスタンドプレーに走ることなく、「長期性」と「社会性」とに意識を向けてプレーすることによってそれが可能となるのである。

著者略歴

相原孝夫《あいはらたかお》

人事・組織コンサルタント。

株式会社HRアドバンテージ代表取締役社長。

早稲田大学大学院社会科学研究科博士前期課程修了。

マーサージャパン代表取締役副社長を経て現職。

人材の評価、選抜、育成および組織開発に関わる企業支援を専門とする。

著書に『コンピテンシー活用の実際』『会社人生は「評判」で決まる』（以上、日本経済新聞出版社）、共著書に『チームを活性化し人材を育てる360度フィードバック』（日本経済新聞出版社）、『図解戦略人材マネジメント』（東洋経済新報社）などがある。

幻冬舎新書 298

仕事ができる人はなぜモチベーションにこだわらないのか

二〇一三年三月三十日 第一刷発行

著者 相原孝夫
発行人 見城 徹
編集人 志儀保博

発行所 株式会社 幻冬舎
〒一五一-〇〇五一 東京都渋谷区千駄ヶ谷四-九-七
電話 〇三-五四一一-六二一一(編集)
〇三-五四一一-六二二二(営業)
振替 〇〇一二〇-八-七六七六四三

ブックデザイン 鈴木成一デザイン室
印刷・製本所 株式会社 光邦

Printed in Japan ISBN978-4-344-98299-4 C0295
あ-8-1

幻冬舎ホームページアドレス http://www.gentosha.co.jp/
*この本に関するご意見・ご感想をメールでお寄せいただく場合は、comment@gentosha.co.jp まで。

幻冬舎新書

山本ケイイチ
仕事ができる人はなぜ筋トレをするのか

筋肉を鍛えることは今や英語やＩＴにも匹敵するビジネススキルだ。本書では「直感力・集中力が高まる」など筋トレがメンタル面にもたらす効用を紹介。続ける工夫など独自のノウハウも満載。

猪瀬聖
仕事ができる人はなぜワインにはまるのか

チャレンジ精神を刺激する、人脈を広げる、最高のリラクゼーションになる等、ワインがもたらす仕事への良い影響ははかりしれない。ワインとビジネスのシナジー効果を初めて明らかにした異色の書。

アダム徳永
出世する男はなぜセックスが上手いのか？

仕事で成功する鉄則は、女を悦ばせる秘訣でもあった！　〝スローセックス〟を啓蒙する著者が、仕事とセックスに通底する勝者の法則を解説。具体的ノウハウを満載し、性技の道を極める一冊。

小笹芳央
「持ってる人」が持っている共通点
あの人はなぜ奇跡を何度も起こせるのか

勝負の世界で〝何度も〟奇跡を起こせる人を「持ってる人」と呼ぶ。彼らに共通するのは、①他人②感情③過去④社会、とのつきあい方。ただの努力と異なる、彼らの行動原理を４つの観点から探る。

幻冬舎新書

近藤勝重
書くことが思いつかない人のための文章教室

ネタが浮かばないときの引き出し方から、共感を呼ぶ描写法、書く前の構成メモの作り方まで、すぐ使える文章のコツが満載。例題も豊富に収録、解きながら文章力が確実にアップする！

小宮一慶
神様のサービス
感動を生み出すプラス・アルファのつくり方

お客さまごとに異なる要望の「真意」をつかみ、「なぜ」「どうして」と深掘りすることで数歩先を行くサービスとは？　「加賀屋」「ディズニーランド」など成功例も分析、神業の接遇に迫る！

菊間ひろみ
英語を学ぶのは40歳からがいい
3つの習慣で力がつく驚異の勉強法

やるべきことの優先順位も明確な40歳は英語に対する「切実な想い」「集中力」が高く、英会話に不可欠な社会経験も豊富なため、コツさえつかんで勉強すれば英語力はぐいぐい伸びる！

平林亮子
お金が貯まる5つの習慣
節約・投資・教育・計算そして感謝

「タバコを吸わない」「宝くじを買わない」「食事はワリカンにせずオゴル」「いつもニコニコする」など、公認会計士として多くの金持ちと付き合う著者が間近で見て体得した、お金操縦法を伝授！

幻冬舎新書

坂口孝則
1円家電のカラクリ 0円iPhoneの正体 デフレ社会究極のサバイバル学

無料・格安と銘打つ赤字商売が盛んだ。「1円家電」を売る家電量販店は、家電メーカーから値下げ分の補助金をもらい、赤字を補塡する。倒錯する経済の時代の稼ぎ方・利益創出法を伝授。

小宮一慶
ぶれない人

「ぶれない」とは、信念を貫くことである。だが、人は目先の利益にとらわれ、簡単に揺らいでしまう。長期的には信念を貫ける人ほど成功できるのだ。人気コンサルタントが本音で語る成功論。

石原慎太郎
真の指導者とは

現代社会の停滞と混迷を打開できる「真の指導者」たる者の思考、行動様式とはいったい何か。先達の叡智、言動、知られざるエピソードをもとに、具体的かつ詳細に説き明かす究極のリーダー論。

夏野剛
グーグルに依存し、アマゾンを真似るバカ企業

ほとんどの日本企業は、グーグルに依存しアマゾンに憧れるばかりで、ネットの本当の価値をわかっていない。iモード成功の立役者が、日本のネットビジネスが儲からない本当の理由を明かす。